Tucholsky   Wagner   Zola   Scott   Schlegel
        Turgenev   Wallace   Fonatne Sydow   Freud
    Twain   Walther von der Vogelweide   Fouqué   Friedrich II. von Preußen
                Weber   Freiligrath   Frey
Fechner   Fichte Weiße Rose   von Fallersleben Kant   Ernst   Frommel
                                                    Richthofen
        Engels   Fielding   Hölderlin
    Fehrs   Faber   Flaubert   Eichendorff   Tacitus   Dumas
                  Maximilian I. von Habsburg Fock   Eliasberg   Ebner Eschenbach
    Feuerbach   Eliot   Zweig
                    Ewald   Vergil
        Goethe   Elisabeth von Österreich   London
Mendelssohn Balzac   Shakespeare   Dostojewski   Ganghofer
        Trackl   Lichtenberg   Rathenau   Doyle   Gjellerup
            Stevenson   Hambruch
Mommsen   Tolstoi   Lenz   Droste-Hülshoff
        Thoma   Hanrieder
Dach   Verne   von Arnim   Hägele   Hauff   Humboldt
        Reuter
    Karrillon   Rousseau   Hagen   Hauptmann   Gautier
            Garschin
        Damaschke   Defoe   Hebbel   Baudelaire
                    Descartes   Hegel   Kussmaul Herder
Wolfram von Eschenbach   Dickens   Schopenhauer
    Bronner   Darwin   Melville   Grimm Jerome   Rilke   George
        Campe   Horváth   Aristoteles   Bebel   Proust
Bismarck   Vigny   Barlach Voltaire   Federer   Herodot
                    Gengenbach   Heine
    Storm   Casanova   Tersteegen   Grillparzer Georgy
            Chamberlain   Lessing   Langbein   Gilm
Brentano   Gryphius
    Strachwitz   Claudius   Schiller   Lafontaine
                                Schilling   Kralik   Iffland Sokrates
        Katharina II. von Rußland   Bellamy
                        Gerstäcker   Raabe   Gibbon   Tschechow
Löns   Hesse   Hoffmann   Gogol   Wilde   Gleim   Vulpius
    Luther Heym Hofmannsthal   Klee   Hölty   Morgenstern
        Roth   Goedicke
            Heyse Klopstock   Kleist
Luxemburg   Puschkin Homer   Mörike
    Machiavelli   La Roche   Horaz   Musil
Navarra Aurel   Musset   Kierkegaard   Kraft   Kraus
                    Lamprecht Kind
Nestroy Marie de France   Kirchhoff Hugo   Moltke
                    Laotse   Ipsen   Liebknecht
    Nietzsche   Nansen   Ringelnatz
        Marx   Lassalle Gorki   Klett   Leibniz
von Ossietzky   May   vom Stein Lawrence   Irving
Petalozzi   Knigge
    Platon   Pückler Michelangelo   Kafka
    Sachs   Poe   Liebermann   Kock
    de Sade Praetorius   Mistral   Zetkin   Korolenko

D' Ahnl

Gedicht in oberderenns'scher Volksmundart

Franz Stelzhamer

Impressum

Autor: Franz Stelzhamer
Umschlagkonzept: toepferschumann, Berlin

Verlag: tradition GmbH, Hamburg
ISBN: 978-3-8424-7091-0
Printed in Germany

Ein paar Worte mehr muß ich dem Schlußgedicht »D'Áhnl« voranschicken. Es ist dieses Gedicht unter allen meinen Gedichten das einzige, das aus einer Absicht entstanden ist und hätte den Zweck: das östreichische Volk von der ihm von seinen eigenen Kindern *angedichteten* Zartfühligkeit, dem ständigen Belächlungsgrund unserer übrigen deutschen Brüder, in etwas freizumachen. Um diese meine Absicht leichter zu erreichen, wählte ich den ewig und einzig großen Moment von junger Liebe und Ehlichung zweier Leutchen aus der lieben einfachen Landbewohnerschaft.

Ich habe gelegentlich schon zweimal gegen besagte *Andichtung* geeifert, aber es schien mir das noch immer nicht genug, wenigstens nicht eindringlich, nicht nachdrücklich genug, und ich entschloß mich, in dem Gedicht »D'Áhnl« nebst aller andern Kraft auch die ungeschwächte Herzkräftigkeit meines lieben östreichisch-deutschen Volkes breitestens darzulegen. Ob ich es gekonnt und ob das Gedicht nebstdem auch genug Unterhaltliches und Annehmliches für den Leser enthalte, weiß ich nicht, aber ich wünsch' es von Herzen.

Das Volk, in allem der Natur noch nahe, ist es auch in der Liebe und gibt, wenn es einmal liebt, sich gleich ganz ohne einseitigen Vorbehalt. Da ist dann auch nicht viel sentimentales Seufzen vonnöten.

Sentimentalität wächst nur in der Verkornmenheit der städtischen Sitten, in städtischem Müßiggang, wie aus dem Romangeleier überhitzter Poeten. Die kräftige Waldund Feldluft, harte Arbeit, rauhe Kost und Entbehrung aller Art lassen das überweichliche Wiegen und Wogen der an sich schönen, durchaus nicht verdammlichen menschlichen Sensualität nicht gedeihen und aufkommen. Überdies hat das Landvolk so gut wie der Städter auch seine Aristokratie in den Meierhofbesitzern und Groß- oder sogenannten Herrenbauern, zu der sich der Plebejer – Kleinbauer, Söldner, Häusler, Löhner, Inwohner, Knecht – kaum mit seinem Gedanken, geschweige denn mit weiteren Wünschen und Begehren emportraut, hm, und setzt es in der eigenen Schichte eine Herzbeklemmung, so gilt der allzeit trostreiche Spruch:

Án anderne Muadá
Hat ár á schens Kind!

Eine seltene zeitweilige Ausnahme ist eben dieselbe. *Ein Dialekt – oder sogenannter moderner Volksdichter je sentimentaler, desto unwahrer –* das gelte dem städtischen Leser zur Richtschnur. Der Volksmann braucht sie nicht von mir, der trägt sie in sich und verschließt vor weichteigigem Zeug hartnäckig sein Herz. Aber er verschließt es auch vor anderem: Maurus Lindermaier z. B., dervortreffliche, drang nur in die studierte Schichte, das eigentliche Volk ließ er unberührt. Er war nur mit seiner Sprache im Volk geblieben, mit seiner Denkungsart, mit seiner Empfindungsweise war er daraus gewichen, er hatte sich nach damaliger Zeit emanzipiert und – war nicht mehr der Seinige. – Unsere Neueren – der Leser hat seine Richtschnur, darum genug!...

Franz Stelzhamer
Stuttgart, September 1854

D' Áhnl

Franz Stelzhamer

Án iadwöligs Gwand
Richt't sö endli nachn Leib,
Und án iadwöligs Mensch
Richt't á Mann ab zun Weib.

Stád von Stübl herfür duris Hausfletz zua áfn Gadern –
Hau, dá Gadern is da und zua, (wannst schau wirkling
und gar nix
Von án Baunhaus kennst!) dáß 's Henágvigát und d' Án-
ten
Nöt mag einár – olls gfráßige Vieh is bedlát und gschänd-
ti! –
Nöt mag einár und 's Haus dázött und d' Stiag und dö
Türstöck –
Da geht fürá – dá igs sag und dá i dert nöt vogiß, wos i
sagn will –
D' Bäurin dö olde, d' Áhnl, á Wei, wiast ellá nöt antroifst:
Resch von Antritt und Mäul und graoß und groppát vo
Gliedmaß;
Z' Trutz án Mannáleut stark; abá 's Angsicht! Buamá,
wann 's Wildsein
Sündt is, aft kimmt d' »Sauseph« und »Ahnfrau« schwerli
in Himmel!
Denkts enk á hengádö Nas und bogn wia bon
Krumpschnabl-Vogel,
Aft á zwigspaltens Koi, wia 's Gfötzt bon án boarischen
Fanghund;
Und ausn Augnán sá Gschau, ázwia Spritzá von
glüatáden Eisen,
Wosti hitroift áf án Flöck, áf án nockáden, gáts dár án
Bremslá!
Aft, und das is erst dös Moast – über alls, wiar án áf-
klufáts Fischgarn
Falten nach Queri und Kreuz, und viel mehrá wos gmoan-
li dá Brau sánd.

So kimmts fürá durs Haus und guckt zerst außi bon Gadern,

Dráht sán Kopf hin und her, wo nöt dort und da ebber anruckt;

Eiá, das woaß s', d' Ahnl, Leut kemmán gnua heunt, fahráds und Fuaßvolk.

Is vo fufzg Jahrn áso gwön, und sitdem, liabá Herigott – der Nachwachs!

Was ná grad d' Bluatsfreund sánd, á Stubn derf schan graoß sein, ás faßts nöt.

Denkts ná, siebn Tächter voheirat áf bráven, vermöglingá Güatern,

Und sá Suh, das oanzi von Mannsstamm, dáhoamt áfn Moarhof.

Alls mit Kindern wohlgsegnt, wia sis ghert in kristlingá Ehstand.

Dnettá bon Suh da dáhoamt wárs bald á weng gspári hergangá;

Schan von erst nöt viel worn, und aft bliebn vo den Wengen nu wengá:

Zöhlts, an oanzigá Tachtá – na gelts, soviel Sachán und Kind oans!

Oans und aft nu koan Bua, dáß á Fremdá sein Herrlikeit dreinsötzt!

Dreinsitzt und aft wia lang – sá Bäurin und koans dästámirt mehr –

Zreißt, wos der Olte hat gmacht, und ztrümmert, wos d' Muadá voschant hat;

Dráf, wanns öbbá was sagn, sperrö Rödn gát odá kurz atrumpft,

Bis si dár Olte z' Taod hárbt und Muader und Tochtá schier blind woant! –

Das hat d' Ahnfrau denkt und oft gsoat, aber andástá machá

Hat sis nöt kinnt, wanns á anders schan viel viel anders hat gmacht ghabt.

Denn, weil sie selm hat ghaust und á iatzt nu währnd sáns Auszugs,

Hats án Handel agöbn, hats gfáhlt in Feld odá Viehstall – »Warts«, hat s'gsoat, »i roas furt áf Mariazell um án Ratschlag!

Beits ná dáweil, i lo má schan schlaun, und aft wißts
schan, dáß 's recht wird!«

Na, und recht is 's worn, jo, recht und richti, wias gsoat
hat,

Wann nöt ehntá, do gwiß, wias is kemmá und gruaft hat:
– »Da bin i!«

Gsoat hat s' neamd, wia und wann, und wár bes worn,
wann má häd sie gfroat.

Zwann nix gschegn wár und gwön, is s' wieder áfs Feld
und in d' Kirá,

Hat rund g'arácht und bet't und á iablmol gwispelt und
gsungá.

D' Leut, natürli, hats gwundert und weit hat má grödt
von »Der z' Moarhof«.

Ja, go kemmá hánd Leut von andern Pfárren ums An-
schaun;

Ham sö awá bötrogn, denn kám hat s' gmörkt, dáß má s'
bsichtigt,

Hat s' glei d' Augn vodráht und tan, zwanns öbbás häd
blendt und

Gsoat: »Gelobt sei Jesus Christ!« –»In Ewikeit, Amen.« –
Dráf wannst g'antwort hast, hat s' á Buckerl gmacht und
ans Herz gschlogn.

Na, und so sáhen wohl viel sá Weis und Manier awá 's
Gsicht koans.

Ja, und gwiß derfts más glaubn, á iat, wann s' wüßt, dáß
má s' anschaun,

Häd s' sán Krumpschnabl längst duri d' Gadernsprißeln
schan zruckzogn,

Siah, und mi zimmt á, sie neusts, odá leichts denn der
Juchatzá gwön is,

Der von hintenher ghallt hat, dáß s' sán Hábl hat zruck-
zuckt!?

Wiaderwöll, gschröckt is s', und mir müaßen schan nach,
wann más habn wölln.

Schau, in d' Stubn mauselts ein und – Jeskás, Jeskás, va-
gelts Gott!

Sehts, iazt kriagn dert d'Augn öbbás Liabligs zun An-
schaun – Rosinnerl!

Pfüngstveigl gelbs mitn goldárán Haar! Raots Reserl von
Angsicht!
Lüftigs Lercherl voll Gsang! Du Rehkitz, du springáds in
Greanholz!
Eiá, zwö sitzst denn so stád áfn Stuhl und wirst gkámpelt
und áfgflecht!
Is ja koan Kránzltag heunt, odá – Raosidl, ja is 's gen mügli! –
Awá was wár denn das – schen wia sist awá blässá wos
ollweil!?
Blässer und örmá wia sist und ollweil, ja was is 's denn,
was wirds denn'?! –
»Áhnl, guatn Maring!« soats, wia s'hert gehn, weil si
s'kennt in sán Auftritt,
»Glei bin i förti mit rnein'n Kopf, aft, Áhnl, gehts über
dein'n laos!«
»Kanns schan dábeiden« – soat d' Ahnl –«hans schan
fufzg Jahr dábiden, und 's Schensein
Übálaß i heunt dir« – da juchátzts vorn Fenster, dáß d'
Stubn klingt –
Eahná zwen hánd bonand und mögnt tausendsáckárisch
aui,
Moan'n tuast, dár Amt nimmt koan Endt bon lösten Juhu-
huhuhuhu.
»Hahahaha!« – soat d'Áhnl – »dáß dö iazige Welt go so
gschrian is!
Füráchten tuast, dáß s'eahm 's Mäul zreißt ollmol, so oft
sis nur áfmocht.«
Awá 's Raosidl soat: »Áhnl, hau, votádl dert heunt nix,
Heunt gehts ja di an!« – »Mi an, hast recht und áf di
springts aft umi.
In mán Öltá, mein Kind, geht mi nix mehr als endli dá –
Taod an!
Dáß i dö Lustbarkeit mitmoch heunt, gschiaht dir z' Liab
und Gott z' Ehrn,
Und we woaßs, is 's á dir, mein Raosidl, so lusti, wia
d'Leut moan'n? –
Heunt vor fufzg Jahrn – awer iaz is koan Zeit!« – und durs
Guckerl in d' Kuchl
Ruaft s' laut: »Stanz, sá fein gricht, von olln Seiten ruckts

an und d' Leut hungert!
D' Nacht is lang und á söttás Mol láßt má d' Suppen
dáhuit stehn.«
»Raosidl, hab már 'n Kopf nöt so toif!« – mahnt 's Mänsch,
dö eahm d' Haar flecht't,
Hau und siah! wia s' 'n höbt, siagst! kugelt öbs Glanzáds
ins Fürtá,
Awá wos liegn soll, schau, lát nix, nur á Flöckel, á naßs,
siagst! –

Iazt awá weils schan soviel habts gsegn und ghert vo dö
»Moarleut«,
Muaß i enk gen schan vozöhln den ganzen Hergang und
Higang.
Gmörkt habts es eh, was 's is, das kenn i enk an in dá Na-
sen,
An wens is und wos 's wird, und dáß 's áf á Haochzát geht
außi –
Richtigö Roat, und so is 's: 's schen Raosidl hat heunt
sein'n Ehrntag! –
Is wár schan in Summá dázua gwön, awá sein Áhnl hats
habn wölln,
Dáß s' damit schoibt bis Kathrein, aft häden s' 'n glei
mitánandá;
Denn in Tag nach Kathrein wirds bon eahm dnettá 's
fufzgástmal Jahrzeit,
Dáß más mitn Ähnl hat zsammgschwoaßt; na, und dáweil
sis nia g'roit hat,
Nöt oanmol in fufzg Jahren! so gát s' eahm zun anderten
Mol d' Händt,
D' Händt und 's Jawort und olls áf án noiá, glücklingá
»Fufzgá«,
Oder áf kurz odá lang, wia Gott will und wias gschriebn
steht in Löbnsbuach! –
Is Raosild hat á gern gfolgt – is leicht gfolgt, wann má
schoibn sollt und gern schoibt!
Is leicht gfolgt, mein Gott ja, wann má toan sollt, wos má
selm gern tuat!
Is Raosidl häd gwart, bis 's wár wiedá Kathrein worn, ja
und nu länger,
Is Raosidl häd gwart, bis häd Ähnl und Áhnl und sein
Muader in d'Gru glögt –
Vadern hat s' eh koan'n mehr ghabt, der is uglückli gwön
in der Kriagszeit –
Ja, sie häd gwart – na, wia lang? – na, bis s' hald neamd
mehr häd áfgholtn,
Dáß s' nach sán Wunsch häd tan, dáß s' 'n Hiasen, sán
Herzbuam häd d' Händt groacht.
Is 's leicht bon üns moants anders, als wia már in Gschich-
tenbüacheln

Löst und á hert, dáß 's hoaßt: Du Kinigstächterl, du feins, du
Heiratst da den Gsölln, er hat drei Länder und Leut gnua!
Länder und Leut hat á wohl, aber er is á lauterne
Landsau! –
Hilft nix, gheirát muaß 's sein, und Ja muaß 's sagn, wann
alls Ná schreit –
Ná! ná! ná! án iads Áderl schreit und ruaft, awá hilft nix!
Aft woaß 's áf oanmol 's Kinigstächterl, zwö d' Äugerl án
Brunn habn.
Mei Gott, dáß 's kann woan'n viel tausend bittere Záhern!
Aft áf oanmol woaß 's, mein Kinigstächterl, wo 's Herz
liegt;
Nutzts nix, dáß sis woaß, dö Doktá kurirn s' áfn – Mag-
nsack –
Magenvohirtung muaß habn, mein Gott! –Vohirtung, wo
's Herz z'geht. –
Zärtli und woach gwön is 's eh, da hats eahms hald
zwoacht und is zgangá!! –
So geht d' Röd iablmol und löst sö in Gschichtenbüacheln.
Awá wann á nöt d' Röd gáng, wanns á nöt stund in der
Bschreibung,
Mein, mir wissátens do – geht leicht anders bo üs áf dá
Baurnschaft!
Lang vorn Ubágöbn macháns d' Ahnln schan aus áf dá
Sunnbenk;
D' Váder und d' Vormündá herst bon Bierkruag roaten
und ratschlagn;
D' Müadá machens in Hoamgehn aus nachn Amt áfn
Kirchsteig:
»Dö und dö«, soat dö oan, »i kenns, dö is recht fürn Ja-
kobn,
Is á einzogns Leut, nimmá z' jung und kriagen ja ellá!
Iazt schan und aft nu ámol – hat ja, hert már, án gro
schwáren Vödern. –
Vöder, Göt, wos woaß i, er hats hald herzogn und ag-
richt!« –
»Na«, soat dö ander, »und dir für dein Kathridl, wart ná,
woaß i oan'n –
Bráv bonand Guat und Burscht, dö á Kloans hat von e-

ahm, láßt sá Muadá
Nöt ins Haus, tuat á recht, brácht eahm eh nix wos
d'Wiagn mit!« –
Aft troat s' dá Steig ausánand und oanch dár andern soat
Geltsgott,
Und bon Mittagössen dáhoamt muaß 's fürá, da hilft nix.
Is Kathridl aber is gscheidt und denkt sö, das sag i 'n Ja-
kobn –
Denn – so gehts eahm oft zsam! -just dö zwoa, dö mechten
á Paar wern,
Liabn sö und mechten sö gern und wárn á recht für
ánandá;
Awá – do halt! dö gehn uns nix an, und was is 's mit Ro-
sinnerl?
Mein, ös denkts enks voneh: hald á und just wia bo den
zwoan!
Nachn Moar sein'n Taod – ums Heiraten is eahm just
nimmer –
Stöllt sö d' Moarin án Burscht, án bráven, weitschichtigen
Freund als
Baumann ein, und was wahr is, is wahr, ás bössert sö d'
Wirtschaft,
Soviel gschickt dáß dá Burscht olls anstöllt, grechtelt und
herricht;
Olls wár recht gwön, olls, olls, dnetter oans hat himmel-
weit feihl gschlagn!
Fert um d' Ábnt is olls áfn Feld draust, d' Mannáleut
máhn Woaz,
D' Weiberleut bugeln hint nach, höbn áf und dráhn Bándá
zun binden –
Da wirds schwarz und himmlátzt und darrt und höbt an
z' scharámenten.
»Láfts, Menscher, láfts!« schrein d'Buam und rennán gögn
d'Wiesen 'n Hag zua;
D' Menscher, woaßt, toan gstolz und wárn á gern nach
mit dá Arbát.
»Hán kui so Stöck ázwiar ös« – lacht oanö – »von Salz odá
Zugá« –
»Und um oan Haut is nöt schad, wer wia d'Weibáleut
neun hat, gelt, Apperl« –

»Hammár acht odá neun – schad wár á nöt um dö dein!«
schreit
Af den Gspoaßign á Gspoaßige aufhi, da – »helf üs Gott!«
– himmlátzts,
Himmlátzt und kracht, das is oans, und á oans is 's – lát d'
Oach da und 's Raosidl.
»Jesás Mari! Buam, Buam!« schrein d' Menschá mit áf-
gröckten Händten,
»'s Raosidl – helfts! – hats dáschlagn!« – und: »Aus is 's,
aus is 's!« so jámmern s'.
D' Buam, natürli, hánd grennt, zwann d' Erd brunn inter
eahn Füaßen.
Olln voran dá Hias, dá weitschichtö Vödá, dá Baumann.
D' Oach hat glaubátzt und gkracht, als wárs pur Pöch odá
Schwebel;
Er awá hats nöt g'acht, springt köckt duri d' Gánl und
reißt, schau!
Selm schier brinnád, dáß sie nöt vobrinnt, dö jung Moahm
ausn Brándten.
Dnettá hats es no tan, wár dá Mensch zsamtn Mänschen
volaorn gwön!
Mein Gott, und oans is 's gen nu! 's Raosidl gát wia kloan-
dáwöllt, go koan
Zoachá von Löbn – auweh au! leichs dá Dunnákeil richti
dáschlagn hat!?
Awá dá Hias – wer häds gsuacht in án Baumann und
weitschichtign Vödern? –
Kann dá dázua soviel gschickt, ás dáds koan Feldscherrá
gschicktá –
Iazá – ja, ja, schau ná hi! – Hias, Hias, i sag dárs, sei christ-
li!
Lemdige buß sovielst willst, awá gib má dá Taodten –
Hias, hüat di!
Hau, häds nöt naot, má Lehr – siah, siah, er blást eahm ná
Luft ein!
»Kh! Khh! kahhh!« – Is schan da! Iazt, Hias, iazt heng, is
schan gnua worn!
Awá mein Lehr wár nöt naot – »Moahm!« – schreit dá Hi-
asel und höbt s'áf –
»Moahm, bist bo dir und löbst!?« –»I mui« – soat 's Rao-

sidl –»awá –
Awá zum Einchoißen wirds glei, Menscher, dá Backofen
glüat schan!« –
Dráf falln d'Augn wiedá zua, löbn tuats, do má siahts, dáß
s'in Trám rödt.
»Weil s'ná löbt«, ruaft dá Hias, »und dáß eahm nix aus
und nix ab is!«
Höbt sös áf d'Arm und rennt, wiar á Feldkatz rennt mit án
Háserl,
Schnurgrad hoam in oan Trum. Dö andern hánd drösát-
weis nachi. –

Wia sis zun Löbn ham bracht und wia bald, das kann i nöt brichten,

Dáß sis ham zwögn bracht, sechts und á dáß koan'n brandingá Flöck hat,

Nöt á pfenninggraoßs Mal áf dá Haut, awer – öbbás viel Örgers –

Iweni muaßs es gstroaft habn bon Herzen, ja, 's Herz hat sein'n Lecken!

Denn, nöt anders, als häd sö dá Dunnákeil drin voschoßen,

Föhrts eahm hoaß gögnán Kopf und kriagt brinnáde Reten

Ollmol, soroft wer rödt von sán glückli agláfenán Uglück Und sán weitschichtign Freund, 'n Hias, natürli mit Lob nennt.

Odá wia dö krump Seph ganz glatt und schan hundertmol bhaupt hat:

»Raosidl, mörk dá mein Röd und vogiß nöt, was i dár einschörf:

Wár áf dá Welt koan Hias gwön, wár á koan Raosidl da mehr.

Zahln kannst 'n nia gnua'n Hias, wannst eahm gást wosdáwöll, soviel bist eahm!«

Ja, da is 's ganzágor aus, völli lötz und absundáli wird eahm.

»Bitt enk«, so bitt s' aft, »bitt enk, hengts und dásparts má den Schracká,

Dáß nöt dá Schlag nu troift, dö dá Dunnástroa nöt dáschlagn hat!«

Na, und wias geht, má hat mit dá Zeit, wia mit alln á mit den ghengt.

Awá ganz huimli und kloan, wia dá Scheer áfwirft in dá Wiesen,

Hat sö dafür – 's Mäul muaß öbbás z' toan habn! – án anderne Röd ghöbt: –

»'s Raosidl« – hats ghoaßen –«dös rei, dö oanzi Tachter vo Moarhof,

Heirácht sein'n Vödern, 'n Hias, der iazten in Moarhof als Knecht deant.« –

»Na, das is recht« – feanzt á Bursch, der nix hat als án

Neidkragn –
»Dnettá was 's Raosidl braucht, hat dá Hias ganz Páck –
háháhá! – Nix!«
»Sákrá, de Sturm vo der Áhnl!« – lacht án anders – »das
Sturmá und Nasdráhn!
Dö voküaf eh, wanns wer mecht, eh d'Beten und 's Plátzel
in Himmel.«
»Himmel und Beten, ja, ja, awá glei dráf káfát sös dowelt
Wieder ums nämlingá Geld, und wias Naotnigeln gát á,
sie kriagáts!«
Pfugátzt á zaunsperrá Kund, den vo Naot selm d'Selikeit
fail wár. –
So, und nu alláloa rödn s' und wickelns ein in á Gláchtá;
Eiá, z' guat, das wißts eh, gehts koan'n, der'n Leuten ins
Mäul kimmt. –
»Awá, was fragn mir ums Gschmátzt, mir mechten ná
wissen, was dran is?!«
Hör i dort drent oans sagn, bo den hoi mehr d' Geduld
nöt hat graten,
Schau, und dös kennt mein Natur – mir soat már so öbbás
nöt zwoamol!
Graoße Geduld ham nur Leut. dö nach den Löbn Heilige
wern wöllnt;
Graoße Geduld ham nur Leut, dö vo den Löbn Öselein
gwöst warn! –
– – – – – guat! – Haoher Summer und Nacht is 's.
Mitternacht nimmá weit und, wann d' Frösch und dö
Grilln nöt spráchan,
Stád wárs, wias nachn Gottsdienst is in dá Kirá z' St. Lo-
renz,
Draustáhal Altham woaßt, odá wannst absolvirt bist, im
Herzen,
D' Stern schaun so dusmö drein – hm, schaun leicht, reus-
pert s' ja mehr neam! –
Hirnlátzá lechátzen hint, hm, lechátzen – weil s'meh ko-
an'n Amt kriagn! –
Amt koan'n und Pfnacht und koan Stimm, sist ramattáten
s' schan, wia sis gern toan.
D' Bám stehnt so hilzá da, leicht hilzá – rührt sö koan Lüf-
terl! –

Gras und Bluamán und Droat, olls is so losát und senkt sö
–
Senkt sö und hácht leicht 'n Kopf und los't, is mehr nu ko-
an Tau gfalln!
Awá, was steht denn dort, is 's á Bám, koan'n Rührá, ko-
an'n Rucká
Tuats, is 's á Bloam, is 's sisten á Gwáchs, weils so trauri 'n
Kopf hácht?
Wird sö glei weisen wos 's is; los', Himmelseiten! wos hör
i?
Is nöt alls trauri, mei du, odá taot, was 'n Kopf hácht und
stád steht!
Los' ná, das Ding tuat so schen! – Der Schwanz kann 's
Brummeisel zwická!
Grilln, sáds stád á kloansweng, hengts enká Gjáglát á
weng, Frösch!
Tausend, der Tanz geht schen, is oaná von »Wiagngeigá
Tháddä«!
Älso, Bua, älso, bist werdáwöll und wannst wasdáwöll nu
kannst,
Bösser, i wött, kannst nix und so guat ázwia du kann das
koaner!
Almerisch, leierisch, frimm dárs nár an, denn 's Tánzl und
d' Weis moanst,
Wáchst bo den áf dá Zung ödá stöckt eahm, wer woaß 's
denn, in Fingern!
Allweil nu schená kimmts, is ná schad, dáß 's Nacht is und
alls schláft.
Schláft – hast du gmoant, mei, mei, ás schláft nöt alls, was
in Bött lát –
Lát und á d' Augn föst zua hat – eiá wann d' Losá nöt offt
wárn,
D'Aohrn hánd d'Augn bo dá Nacht, wia bon Tag d'Augn
losen und sehán.
Hat nöt öbs queirt iazt, han? – I votrau schan schier selm
mehr áf d'Aohrn heunt! –
Awá wia finstá dáwöllt, soviel siag i schan dert, was dort
fispert;
Is koan Goas und koan Kua, das is á Mensch und á
Mänsch is 's.

Awá wias geht so vozoat – du, du wárst liaber in Bött
bliebn! –

Nöt á iads geht sö leicht bo dá Nacht, do vogehn tuat sö
leicht oans!

»Raosidl, bist ás?« – »Ja, ja, Hias, freili bin is, wo bist
denn?«

Na, und iazt wissmá schan á, wer s' sánd, wann más glei-
wohl nöt sehán.

»Hädst dert biden, bis dá Man scheint, odá leidts leicht
koan Bid, HiasT'

»Woaß 's nöt, mei Raosidl, lids es odá gehn i schan iatzt z'
lang?

I han hald heunt öbs ghert, glei dráf bin i fürt und da steh
i.«

»Stehst – hädst ás awá nöt naot, 's Stehn, woaßt ja 's Gsidl
bon Nußbám;

Anders, mei Hias, is nix worn, olls bon olden, ná du fáhlst
–

Awá, mei Hias, du fáhlst má schon recht, dnettá umádum
fáhlst má!

Hau, zwö seufzst denn, zwö denn du, lo 's Seufzen ná mir,
Hias! »

Na, und aft seufzt s' hald á, und seufzádá suachán s' ums
Bánkerl.

Wia s' aft sitzen, glangt s'um sein Händt und soat: » Sag
má, wost ghert hast!«

»Hat schan Zeit« – soat dá Hias – »weilst áso bist und
dadá bei mir sitzst

In dá stockfinstern Nacht; iazt zimmts mi á hellichtö Lug
z' sein.

Hau, und i bi leicht der Narr und laß nöt d' Suppen und 's
Kraut stehn,

Wann i gnua haubátö Krapfen han und zodáten Brein
gnua!«

»Derl, das woaß i, mein Hias, bist nöt, awá just so weng
woaß i,

Wo dein bsundánö Röd gen will aui und wost damit hizi-
elst?« –

»Wo i will aui und hiziel! – Da ziel i hi und will aui:
Hörn will i zerst, wias dá geht und wia dá recht um dein

Herz is;
Und i votrau dár aft á, wia már is ums Herz und wias mir
geht.«
»Mein Gott!« – seufzt 's Raosidl –«wias geht? – Gehn tuats
hald iabl schier go nöt:
D' Händt, wár naot, dáß más schub bo dár Arbát, d' Füaß
áfn Tanzbom.
Is Mäul gáng freili wanns derfát, hurti gángs ázwias iazt
geht;
Singá dád i stallaus und stallein ázwia sist, wannst du
pfeiffást;
Tanzen dád i, dáß 's staubt, mit den schlechtásten Kundl
in ganzen
Waldridl umi, wannst du bon Tisch sáßst, Hias, mit dá
Zidán;
Denn dást mäultrummeln kannst und so schen, das han i
nöt gwüßt nu!«
»Hans á erst glernt, sit i wög bi von enk, von graoßen Ty-
roler'« –
Soat dá Hias – »und ás wár wohl schen, wann más kunnt
á zwiaser ann.
Awá weilstá ná gföllt und weils heunt sein Meistástuck
gmacht hat:
Wannst öbbás Bsunders herst ámol bo dá Nacht – ha i dár
áftragn –
Los' án Eicht áf, awá 's Fenstá laß zua« – »Und han is nöt
tan á?« –
Föllt eahm 's Raosidl in d' Röd – »bin áf máusstád
ázwanns Sündt wár;
Han von Mänschern koans gwöckt und 'n Tiráß' gschafft,
dáß á stád is.
Denn was Bsunders ha i ghert.« – »Und hast gwüßt, dást
nu drüber was' hern wirst« –
Fáht sö dá Hias wiedá d'Röd, und 's Raosidl soat: »So is 's
ausgmacht!
Drum höb an und vozöhl! – Wann is wüßt – plagt mehr
als: Iazt woaß is.«
Er awá soat: »Hat schan Zeit, weilst áso bist und dadá bo
mir sitzst.
Hau und i bi leicht der Narr!« – »Derl bist nöt, das woaß i«

21

– soat 's Raosidl –
»Awá dö Zeit geht z' schnell, Hias, los', herst, 's is schan
ums Hahnkráhn!«
»Gel und –

Herst schan 'n Hahn kráhn
Bua, derfst di dávandráhn!

geht 's Tánzel« –
Soat dá Hiasl und lacht – »do i blei da bis d' mi furt-
schaffst,
Raosidl!« – soat er und bußt's – »und gel, lia's Mäntscherl,
das tuast nöt!«
»Hau, Hias, hau, wiast má fürkimmst – furtschaffen müat
i di freili« –
Soat s' und taucht 'n von eahm – »wannst nöt wögn was
Ernstlingá da wárst.
Drum ruck an und vozöhl, reiß auá dein Fuhr ausn
Hohlwög!«
»Narrerl, anruck i recht gern« – gspoaßt dá Hias, »do zwö
tauchst mi denn hidan?
Fahr á gern fürá mitn Zoig und reiß aui mein Fuhr ausn
Hohlwög.« –
Für án Gspáß häd ás gsoat, dá Schölm, án Ernst wár leicht
dráus worn!
Is Mänsch awá, brav, soat: »Mi zimmt, i han dös Bsundá
schan ghert und
Häd nöt áfzstehn braucht; denn das nu was drüber' – o
mein Hias!« –
Und so ernstli hat s' grödt, dáß 'n Hias á dá Gspoaß is vo-
gangá,
Is häd, hat 'n zimmt, nöt viel gfáhlt, sie stánd áf und ließ 'n
álloan zruck.
»Raosidl« – soat á – »hau, geh, sollst fraoh sein, dáß i án
Gspoaß mach:
Steht má denn nöt ár á Weil vorn Beichtstuhl, eht má hin-
eintrett,
Hau, und soat má nöt drin aft dös Kloan zerst, nachá dös
Graoße?
Siagst, und da ha i dá hald sagn wölln und klagn zerst,

wia gro dáß 's már andtuat
Wöggá von Moarhof z' sein, koan Raosidl z' sehá und z'
hern koans!

Koans ganz Wochán und Tág, kriagt dá da á Läng so á
Wochá!
Um án Untern bon enk gáb i her dös böste Mittamel;
Higáb i gern 's woach Bött um enká boanhirtö Höllbenk.
Z' Trutz áf án enkringá Land mit án hilzern Pfluag und
dran Ochsen
Ackerát i gern mit oan'n und luaß eahm unsáne Rösser;
Dröschen áf enkern Denn z' Trutz will i mit Felberágár-
teln,
Gögn án iadn, der sö traut, mag á Drischel habn wiar á
Wiesbám,
Austragn tui má das: nach án iaden Acker und Strástraoh
Muaß i di sehá, dá i siag, wost á Freud hast an mir und
mán Probstuck;
Sichel und Sengs und Hackár und Sag, olls von Holz –
und geh wött! i
Schneid und kloib und máh soviel wiar án iader und mehr
nu.
Raosidl, glaub má!« – »I glaub dárs« – soat 's Raosidl – »d'
Arácht vostehst ja;
Hast nöt ellá dánsglei und toan derfst und tuast ás ja do
nöt!«
»Derfs nöt und tuas nöt – hast recht, awá wann is derfát,
so dád is.«
»Alls, mein Hias, is zun glaubn, dnettá oans, das häd i dár
nöt glaubt.«
»Was« – froat á – »was?« – »Dást oan'n hirödn kunntst,
wannst á hilzerás Maul hädst!
Schau!« – und aft nimmts sein Händt, legt s' zwischen dö
ihrign und streimelts
»Schau, dein Prodeln und Prohln, woaßt ehntá, dáß 's d'
Áhnl nöt habn mag!
,Gnua dád dá Hias', soat s', mehrá wos gnua, wann á nöt
so gern graoßsprách,
Awá vo lautá sán Rödn übersiagt má sein Toan, weil á
zruckbleibt.'
So soat d' Áhnl, und recht hat d' Áhnl; denn vo nix wos
dán Spröchá
Is 's, dáß má gern habn ánand, voraten und is 's á, dást
wög bist;

Dáß dá bo rechtách Nacht wiar á Diab iazt ünsá Bonands-
ein
Stehln mußt – du und i mit – hädns ghabt oll Wochá acht
Tag – hán,
Hats nöt grauscht?« will sie fragn und dá Hias wills bstát-
ten, dáß 's grauscht hat;
Kinnáns awá nöt sagn, da fácht es beede vo hinther –
D' Benk tuat án Kracher und bricht – 's Mänsch dákimmt
und schreit: Jesásmari!« –
»Spitzbuam!« und »Sákrá!« – dá Kerl – hamt 'n awá schan
uni á Bom dráht;
Detscht, und das föst, wird án iads von á Händt nöt
zschwár awá gschlingi,
Und 'n Raosidl is 's á völli bokándlige Firmung.
Is sánd awá mehrá bonand, á droi, á viere, á fünfe,
Do nöt lang, weicht oans, ná go zwoa, dö 's Raosidl
packán –
Packán und flugs damit hi hánd, hi und bon Taor, und in
Haus drin.
Mit den andern dá ráft sö dá Hias und stark wiar á is –
zweilt s'.
Áf dá Heh is á bald und aft gehts ná huidi, ná huidi;
Kinnán nöt aufstehn gnua und floign um ázwia tanzádö
Straohsöck.
Na, und ás is á koan Naot an Püffen, i wöttát daß 's
Schwoaß sötzt
Wias áso fallt, áfs Gher tui d' Wött, zun Segn is 's viel z'
finstá.
Awer áf oanmoi, siah! wia s'schan Reißaus náhmán, dö
Lenfeign –
Wendt sö 's Bládl – is 's aft, dáß oaná nur gspoaßt hat und
kimmt eahm
Gách iazt mitn Zorn erst dár Ernst, odá kimmt eahm wer
z' Hilf' weil s' nöt klökán?!
Wer kanns sagn in dá finstern Nacht, Bua? Awá der Hias
schaut!
Denn der is, wiar á glaubt hat, gar is 's und gehn wern s',
weil s'gnua habnt,
Zwoamal hinteránand gáh, zerst án Eichtel in d' Luft
gflogn,

Aft, dáß 's gschmagátzt hat, gfalln und glögn wiar á Höppin, á prölltö.

Nöt ámol Zeit hat á ghabt zun Verwunern und dáß á dert gfroat häd:

Floig i dá haoch gnua? – Fall i dá nöt z' toif? – Lieg i dá recht, há?!

Ná, nöt soviel láßts eahm Zeit – da höbts 'n und schutzts 'n und – suach dárn!

Siagst, dort entás Zaun dal lát á wiar á Broatling, á z'máhdá,

Wiar á Pilsling á z'tretá, siagst, und á Zwöschpen, á z'mátschte! –

Dráf is 's stád, mäuslstád worn. D'Moarhof-Buam ham sö selm schier

Gschreckt an den Gwoltskárl ghabt, und 'n Hiasen hat 's Ausrasten wohltan;

Hat sö á, aufrichti grödt, nöt stark mehr umá volangt heunt.

G'ráft hat á ghabt und bráv und hat selm iazt á sauberne Bleschá.

Na, und dá Kerl, dá stark, is furt ázwia gkemmá – má siagt nix!

Kann enks á selm nöt sagn, wers is, und á nöt, ob márs inn wern.

Awá dafijr woaß i haarkloan, wias áfmári worn is,

Dáß zun Raosidl dá Hias wár gkemmá und dáß s' bon eahm draust sitzt

In dá hintern Boint muadáseliálloan und – o mein Herr!

D' Stánz is 's gwön, dö raot Hex – hat ihr just dá löst Zahnd á weng weh tan –

Dö hat s' 's Raosidl áfstehn ghert und huimli stiagabsteign.

Schlikárádi! Da kanns bei dár Ahnl á Bildl gen s' einlögn!

Klipp, klapp gehts übá d' Stiag und klipp, klápp humpelt s' zun Stübel –

»Pum, pum, pum! Ahnfrau, áf! Öbbás is 's, awá derfst nöt dáschracká,

Brinná tuats nöt, nöt bon üs und nöt sist und koan Einbruch is 's á nöt!«

»Eiá, wos sist und wos dann?« froat d'Ahnl, schan bon

Zeug und reißt Tür áf.

Na, und oft soat s'eahm hald gschwind, was 's is, dö Hex,
dö brinnraot, d'Stánz.

D' Áhnl awá nur 'n Nam Hias z' hern, herst! höbt schan an
z' benádeiten:

»Siah, der Naotnigl«, soat s', »bo dá Nacht ázwia d' Diab
kám ár angruckt –

Wart, i votreib dárs! – Hans!« schreit s', schrein kann má,
woaßt ja, á huimli –

»Hans!« schreit s', »Káspar und Náz!« schreit s', »Leanl!
trámhápádá Lenz!« schreit s',

»Gschwind in d' Hosen und áf! Bleibts barfuaß und bar-
hápts und pfoadsigs!

Machts enk Fäust und koan'n Fotz an, sist kriagts Fotznár
á faustvoll!« –

So hat s' huimli gschrian, is awá laut gnua gwön und
gwirkt hats.

Áf hánd dö Buam, ázwanns brunn hintern Asch und in d'
Schlacht mit dá Ahnfrau.

Na, awá worn is 's hald nöt, wia s'hamt gmoant, dáß
s'oan'n zrissen und fráßen.

Ja, und mi bein Vozöhln hädn s' á bald aus dá Schánir
bracht. –

Was i wár schuldi gwöst z'sagn, wögná Leuten eahn
Gschmátzt und was dran is,

Wögnán Raosidl und Hias, das wißts, ohne dáß i enks
gsagt han.

Awá dá Hias – was wohl der so Wichtigs 'n Raosidl häd
z'sagn ghabt,

Mein, wos denn der!? Eiá was! Hald wieder á Gschmátzt
und nix anders:

Ghert häd á und kimmt fragn, wos wahr is, dáß s' wár in
Bräutstand?!

 Na, und is 's gen áso, aft gnad dá Gott, Raosidl! denkt á.

Was awá gschegn wár, wer woaß, hau, á Kund, á
dámischá, roat nöt.

Wár awá gwön nöt an dem, nur worn is 's vo heunt an
und – seintwögn.

D' Frag, wiar á 's bracht hat dá Hias, so is s'eahm nach-
grennt als Antwort.

»Weilst schan so bruati bist, wart, ja wart mein
glungátzáts Henderl,
Morign hast schan dein Nöst!« – So hat d'Áhnl zun Rao-
sidl gsprochá,
Wia sis hat einár in 'n Hof, aft in d' Kammer gspört und
ins Bött gschafft.
Siah, und marigns Frua, wia s' zu dá Suppen sánd zsam-
gruckt –
Is Raosidl gschröckt und vowoant und vobunden als
leidáts in Zähntweh;
D' Buam voll Schrámán und Mail und von Schlögn voll
hoamligá Wehdágn –
Hat má nix gsegn und nix ghert, nix herin und nix draust
vo der Ahnfrau.
Sist is s' türaus, türein, bald in Stall, bald in d' Stubn und
hat angschafft.
Gschafft und gschaut und g'ahndt und g'geint und viel
Griff tan und grödt viel.
Mein, wo is s' heunt, d' Áhnl? – Und so hart gschiacht 'n
Raosidl, o mein Gott!
Leichts denn so bös odá krank is, oder is s' ebbá aus-
groast?
Aus um án Rat zu án Bildnuß vollá Mirakel und Gnaden?
D' Stánz, dö raot, wüßts gwiß, awá 's Raosidl hat sös nöt
z'fragn traut.
Is z' Taod fraoh, dáß sie koans froat und dáß d'Buam dert
so stád sán.
Gwüßt häd sis freili gern und hat paßt, wo nöt do oan'n á
Bráchtá
Auskimmt wögn dár Áhnl, wo si hi- und wia's Endt is
hergangá? –
Nix, koan Quick und koan Quack! Wann s' nöt gössen
häden und bet't laut,
Moan'n hädst dmüaßt, so hädn 's Mäul volaorn odá 's wár
eahn vopappt worn.
Endli z' Mittag – áfn Feld bo dár Arbát hat s' d' Sunn gua-
ting aufgleint –
Wirds á weng gspráchi. – »Dán Áhnl is leicht wohlfahrten
gángá áf Eting?«
Froat gögná Raosidl dá Náz, awá 's Raosidl schaut d'

Stánz an und soat nix.

»Hat sis leicht dir gsoat, Stánz?« – froat dá Leanl – »na, Ursachá hat s' gnua!

Denn – es is freili á Schand, wann is sag, äwá sein tuats nöt anders –

Wár üs d'Etingá Frau' odá dö z'Hilfberi vo Possá'

Heunt bo dá Nacht nöt z' Hilf gögnán Hias, ja ás wur nöt viel gfáhlt habn,

Oaná von üs lág taot und dö andern hergricht zun Steribn!«

Awá dá Kaspá lacht laut áf dö Röd und dá Hans láßt án Scheldá.

Na, und weils dö toan, so tuat á dá Leanl án Sákrá, án saubern!

D' Weiberleut – 's Raosidl bleibt stád – dö Dirná, dö kloan und dö graoße,

Müaßen án Pfugátzá toan, und go d' Stánz macht á fleanscháde Dreantschen. –

»Wers nár is gwön« – soat dá Leanl –«ebbá go, dáß 's dá Ráftoifl gwön is!?

Raosidl« – macht á sán Gspoaß –«wannst gách wiedá mäultrumeln hern sollst,

Frag dán Vödern, 'n Hias, wor á dert koan'n brandingá Flöck hat,

Odá wer á denn muit, dáß 's sein kunnt, der 'n so gschmitzt hat? –

Hat dá der Kerl á Störk, koan Wunder, er z'brách odá z'wurf oan'n!«

»Heng« – soat dá Hans – »mit dán Bröchá; du freili brichst nix und machst nix!«

»Mörká awá kann sös dá Hias und sein Mäultrumeln áfgöbn« –

Soat dráf dá Kasper – »und i, mein schens Raosidl, i mörk már aft á öbs!« –

Ütán Löffel- und Mäulawischn aft schnaurt á gögns Rao-sidl:

»Ráffen ahn Gall und wögn nix und wiedá nix ráffen – gehts betmá!«

Soat 'r und steht áf und in Beten kennt más, dáß eahm dá Zorn kimmt,

Weil á hat gráfft ohne Zorn. – Siagst, Raosidl, so gehts
nach án Fáhltritt,
Awer ás fáhlt nöt soweit, dein Scham – Gott sei Dank, is
viel greßer
Als dein Schand, sei getrest, bei dárarbát voglost schan
dein Reten! –
Is wár á fürn Hiasen bösser, er arbátát, statt dáß ár um-
schleanzt;
Gsünder um viel, á gáng hoam statt sein'n Süfeln und
Umloahn in Mosthaus;
Gscheider um häufti, er schluags ausn Kopf als sein Ein-
schlagn in Schenktisch.
Awer, o mein Gott, á Kua, der má 's Keibl hat gnuhmá,
wia blert s'nöt!
D' Hundmátz wia bissi, wia blosát und wild dö old Katz,
wannst sein Jungs stiehlst!
Gel, und á Muadá, wia wuit s', wann s' 'n Suhn fortführn
als Rekruten!
Hau, und á jungá Kerl, der vo Frischen rauckt und vo Hitz
glüat;
Wo vo Reschen alls rauscht, alls kocht und fiebert vo
Fürwitz,
Wo is da 's Roaten fürn Gsund, wo is 's Gscheidsein,
wannst eahm in d' Gluat blást! –
I bi nöt anders gwön, mein Vadá, mein Ähnl und mein
Urähnl
A nöt, und ünsáne Süh und Táchtá, gelt Vödá! wern üs
glei:
Is Kid will sein Dantern, dá Bua sein'n Schatz und dá
Mann Ehr und Reichtum.
Na, und hat aft á iads, was 's will, und du nimmst eahms –
dös Uglück!
Gwoant wird und bitt wird und bet wird und gfluacht,
awá, mein Gott, ás hilft nix.
Hi is hi, valaorn is valaorn und brochá is brochá! –
D' Kindá voschloffen eahn Load und üs druckt d'Augn dá
Taod zua.
Was 'n Kind trámt, we woaßs, und in Freidhof woaßt
denn, was dir trámt?
Awá da schau, 's Kinderl lacht in dá Wiagn und zwö hiaß

á denn Freidhof!
Hau, und aft wissmá dáß 's wach wird, 's Kind, und
rösálád áfsteht. –
Wár dá Hias ná so gscheid wia mir, das hoaßt, wia már
iatzt sán,
E gáng hoam zu sein'n Baun, voschmerzáts, vodrucktáts
und wartát;
Ná, hat nöt wölln, odá wias gern hoaßt üntern Volk: hat
nöt sein wölln!
Hiasi muaß Lümperl wern, muß urnziagn, statt dáß á ho-
amgáng,
D' Kart stattn Pfluag in dá Händt, statt in Feld áf dá Ku-
gelstatt schwitzen.
Awá mir laßnán gehn, helfen kunnt nágrad oans und das
derf nöt. –
Denn in zweiten Tag schan gögn Spát, just á weng vo dá
Suppen,
Is vostohlná und ganz uvotraut hint einá bon Bointdürl
D'Ahnl hoam; hoam und glei áffi in d'Stubn und – »'s Ra-
osidl sollt kemmá! –
Heiráchten tuast!« – ruaft s' eahm zua – »denn heiráchten
muaßt, nur hald glei nöt,
Bis má dö vornáchtö Nacht – du wirst dárs schan deut-
schen! – bon Tag siacht.
Hilft nix! Dá Mensch is recht, hat koan'n Mängel, koan
Sucht und koan'n Tadel;
Di, wos angeht, fáhlt nix, und um dös ander bin i da.
Heiráchten tuast, weilst heiráchten muaßt, aber erst wann
d' Nacht Tag wird.«
So spricht s' d' Ahnl, sist koan Wort und dráf z' sagn, das
woaß má, is á koans.
Kám á Viertelstund dráf is s'schan wieder in Weritagg-
wand gstöckt;
Is türaus, türein bald in Stall, bald in d' Stubn und hat
nachgschaut,
Gschaut und gschafft und g'ahndt und g'geint und viel
Griff tan und grödt viel,
Awá zwö s'furt is und gkemmá, wo s'gwön is und was –
nöt á Wártel!
Is Raosidl hat gwüßt, was 's is und wias steht und sist –

31

wen gehts an was! – –

Dráf á Wochár á drei hánd fremde Mannáleut kemmá,
Oan'n, hat 's Raosidl gmoant, häd s'schan gsehá ámol áf á
Haochzát.

Jung wár á, graoß und nöt wild, awer gar án ugspráchigá
Spreitzá.

Wos nöt gar, moan'n dö Buam, dá noi Knecht is bon
»Moar áf dá Langwies«,
Und dö andern zwoa Stuck sein Vader und Vöder aus
Boarnland?

Der vo dö Langwies is ja á von entás Inn umá.

Wos s' gen da toan, zwö s' d' Áhnl so freundli grüaßt hat
und umweist?

Koans vomuats, göschweign woaß 's, dnettá 's Raosidl hat
án Gedanká:

Jeßás, denkts eahm und gát eahm án Sti, das is gen mein
Bräuggá!

Na, und i schmátz aus dá Schul und sag: richti, er is 's
wann – »d' Nacht Tag wird!«

Vornehme Leut! Dá Vader á Baur, der nöt viel hat seins-
gleichá,
Der seinsglei go koan'n hat – dá Suhn, stark, stád und
vostándi.

D' Ahnfrau kennt s' recht guat, is á Ziel áf dár Ettingá
Wahlfahrt.

Und wia sie sö, so kennen sö sie, weil s' zun Langwieser
gfreundt hán.

Wár á ganz á grechts Paar, wann nöt – ná das Scheißbru-
meiselgspiel da! –

Wern má schan segn, wias wird, 's steht nur in án – Klo-
an'n – so is 's richti. -

Wiedá drei Wochá mags sein sitdem, roast d' Áhnl áf á neus furt.

Awá nimmá so stád wia dös oanmol, ná, dö zwen Schecken

Spannt s' heunt an, dö schen Schäß und dá Roßknecht muaß schnalzen bon Furtfahrn.

»D' Mäultrummelnacht« is Tag worn für sie – d' Sunn geht zuntáraot áf;

Bleamel und Grásá voll Tau, 's Bermetá zoagt áf schen Wödá! –

A nöt vostohlnár und uvotraut kimmt s' dösmal zruck duris Bointdürl;

Ná áhn, schnalzát, wia aus, fahrt s' an und hintnach nu á Fuhrwerk.

Schau, dá nämligö Burscht führt die nämlingá boarischen Manná.

Awá gaillánt sánd s'bonand in Gwand, in Zeug und in Rössern. –

»'s Raosidl sollt kemmá« – schreit d' Áhnl – »áf dá Stöll wias is, sie is schen gnua!«

Gschámi und d' Augn voruntá kimmts, grüaßt d' Manner und bußt dár

Ahnfrau d' Händt und soat: »Áhnl, bist da, und wos gáts denn so gnädigs?«

»Dást nöt dákimmst go z' gro« – soat d' Áhnl – »awá d' Farö defst wechseln.

Das da, schau áf und schau dárn wohl án, das is dein Bräuggá!

Gföllt á dá wohl odá nöt, is á recht odá nöt recht, sein tuat ás!«

»Raosidl« – soat dráf dá Burscht, und in Klang nach gehts eahm von Herzen –

»Raosidl, recht bin i kám; awá wern recht will i, das glaub má,

Das und aft nu, dást má du recht bist, rechtsinni und guating!«

»Gwagt« – soat dár Alt – »is 'sallmal, do frisch gwagt is halb gwungá, geht 's Sprüwort.

Nachlassen muaß hald án iads, aft is dá Handel glei gschlossen;

Du, dein dirmisch Weis, Sepp, na und 's Raosidl woaß 's
schan –!

D'Ahnfrau und i, mir nehmán 's Drangeld und trinkán 'n
Leikáf!«

Eiá, mein Oldá, du hast guat rödn, und á z'hern is nöt
uguat,

Wanns oan'n nöt mehr angeht als di, und wir ünseroans –
gar nix.

's Raosidl awá, schaus an! wia dáschröckt und vozoat, dö
arm Haut, dö!

Nutzt awá nix. – D' Áhnl faßt eahm d' Händ und soat: Jo-
seph, da habt Ös s'!

Liabt Ös s' und schátzt Ös s' und denkts, sie is jung und
mein vielliabers Ähnlkind!«

Bringts awer á nöt zwögn dá Sepp, dáß á rödát, er deut't
nur:

»Ja!« mitn Kopf und schau, go dár Áhnl, dá hirten, hánd
d'Augn naß!

Dnettá dár Old bleibt föst und standhaft, gspráchi und
gspoaßi.

»Geht enk s' Mäul nu schan áf« – soat á – »'s Bráchten und
s'Lachá volernt koans.

Is üns ár áso gwön, gelts Áhnl« – lacht á – »awá nöt bliebn
halt!«

»Is schan vo lautá Läng nimmá woh« – soat d'Áhnl –
»wanns a gwön wár,

Hau, und –, woanáde Bräut wern Weiber voll Freud'- hats
dort ghoaßen.

Mörk dá das, Raosidl«, soat s', »und glaubs föst, dáß 's bo
dir woh wird!

Awá für iazt is 's guat und gnua, i han nöt gern go z'len.

Leanl!« – schreit s' abi in Hof – »láf gschwind áf Taskirá
zun Stauffá

Wann i á old bi, sag, und er neunmol dá Taoteneingrabá

Los', wos i sag und wos i eahm sagn lo, 'n Stauffá, 'n
Kaspán!

So – gib acht! – muaß do e nu ehntá zu mir, wos zun eahm
i!

Kannst ás dámörká?« – »Ja, ja!« – »Und iazt láf, wannst
kimmst, á Maß Most kriagst. –

Raosidl« – wendts es sö um – »du bist förti, geh an dein
Arácht!
Bis zu dár Tür schaut s'eahm nach – »A gor á guats Leut!«
soat s', wias draust is.
»Folign, wia 's Lámperl folgt, wiar á Schwálberl hausli
und einzogn;
Gscheit wiar á Wisel und flink, bo dá Arácht á Rößerl, das
gern zoiht;
Treu wiar á Hünderl und wachbar und in koan'n Stuck
koan Sau nöt. –
Joseph, enk gráts guating, Ös müats enk feindsaili selm
sein,
Dáß 's enks vodörbáts; do das ságn meinö Augn nöt droi
Tag –
Auslögn mögts enks, wias wöllt! – awá Joseph, i glaubs
nöt, ná glaubs nöt! –
Bräutvadá, wos glaubt Ös?« – »Was i? i glaub, was dá
Hund glaubt:
Is Fleisch is bessá wos Boan« – soat dá gspoaßi Vogel, dár
olde.
Soats und druckt wiar ollmol, wann á gspoaßt und spott,
dös denk Augn zua.
»Glaubn und moan'n und raten und sagn, was nutzts,
wann nix draus wird!
I glaub ollmol zerst nix und han dö greßt Freud, wanns aft
öbs wird.
I hans probirt, Ös á, Ahnl, na und iazt springt áf dö zwoa
's Trumm!« –
»Bräutvadá, recht hast« – soat d' Áhnl – »und mi freuts,
dást üs höbn hilfst und stark bist!

Hau, üs Weibáleut, woaßt, geht olls glei dámisch gro z'
Herzen,
Föllt üs entsötzli schwár, wanns glei födágring wár und
leicht z'tragn.
Awá« – soat s'– »gehmár in d' Stubn ahi, kost'ts án
ünsárign Most dert.
Odá liabt enk á Bier, hamár á nöt weit in án Keller.
Awá, meints Ös, schan á Jahr her á zwoanzg lassent
d'Mörzenbier stark nach!
Sist hats pickt, dáß hamt d' Baun ganz Tág dábá pická
vobleibn mögn;
Iazt rints he wiar á Brod und natürli pickt nöt und pickt
neamd.« –
So vozöhlát sánd s' abher in d' Stubn, d' Ahnl und dö
zwen Manná.
Ha, da is áfbroat't gwön und gricht schan á vornehme
Aufwart:
Gsodens und Bradens und Bachers und Gselkts und
Frischs, wias dö Zeit gát;
Holzöpfelmost, alt, echt, wiast 'n trinkst, moanst á Wein is
's.
Macht di gspráchi und frisch, und wannst áfstehst, siagst
ás, der dráht di!
In Oldn hat á mentisch gschmöckt und sein Krügel is öt-
limol lár worn.
D' Áhnl hat 'n á mögn, n' Most; nur 'n Seppen will nix
recht schmöcká –
Außi durs Fenster in Hof guckt á öfter als einhi ins Glásel.
D' Áhnl bomörkts und kennts und hat hoamli sá Freud,
awá soat nix.
Schau, denkt s', schau, wias 'n Raosidl grát: so án Her-
zens- und schen Mann! –
Iazt trappt öbs übá d' Gred, mein, leich denn dá Leanl
schon zruck kimmt?
»Sáffrá, dir hats gschlaunt« – soat d'Áhnl und »na, was is
d'Botschaft?!«
Lecházát nu und 'n Schwitz mitn Pfoadörmel wischát von
Angsicht
Gigátzt á: »Trrrinká mui zerst vo lauter S-S-S-Speren und
Trückern,

Ahnfrau, mán Trinkgeldtrunk, bitt enk go scheu! Aft wiar
i schan sch-sch-schmátzát.«
Na, und má roacht eahm án Trunk und zerst, dáß ár aus-
kühlt, á Stuck Braod.
Wiar á nu mumfelt in Braod, nachn Trunk glei soat er: »E-
e-e kimmt schan:
Nur um das, was ár ölder als i is dá Kaspár, um das
kimmt á s-s-spödá.«
»Na, und wia stehts denn in Jahrn, dá Kaspár und du?«
froat dár Olde.
»I-i-i wir neunzöhá bald« – soat dá Leanl –«und dá Kaspár
á-á-á siebnzgö« –
»Wanns ná dert klögt« – soat d'Áhnl und will anhöbn 's
Roaten und 's Zsamzöhln;
Dár Old awá lacht helláf: »Den kann i aft nimmá dábeiten,
I bi selm schau glei sechzg.« – »Nötá, nötá« – wöhrt d'
Ahnl – »hauts, dá Leanhart
Muit: wo á langsamá geht dá Kaspár ols e wögn sein'n
Öltá.« –
Awá dá rátslerisch Scholk, dár old, lacht erst recht iazt,
dáß d'Ahnfrau
Á nöt mörkt, dáß er 'n fockt. – Sollt más glaubn, was dá
Holzöpfelmost macht! –
Weil s'awá nu áso lochán mitn Leanl und üntránand
Gspoaß treibn,
Da schau, wer kimmt! – Dá Kaspá selm, dár olde »Pro-
kradá«
Den má kennt weit und broat wögn sein'n Lust und áf-
grámten Wösen,
Wögn sein'n Haochzátsprüchen sodl schen, dáß olls stád
is und áfmörkt,
Wann ers sagt odá singt und als Prokradá sein Sach
macht. –
Denkt á weng hat á sö wohl, wos gen is, woaß do á dá
Mötzgá,
Wo á tragádö Kua steht, und dá Droatjud, wo Woaz lát,
Und von á Heiráchtspaschan sollt án oldá Prokradá nix
wissen?!

Awer oll drei sán stád und warten oll drei áf án Antrag;
Kimmt ár, is 's wohl und guat, kimmt á nöt, aft kemmán
dá sö schan.
Na, und da is 's iazt áso, und drum hat á guat lachár und
machá.
D' Áhnl awá glei nachn »Seischrist« und »in Ewikeit
Amen!«
Geht eahm schmutzád entgögn – hau, lern dö der nu án
Vortel!
»Kaspá, wia geht hald der Spru« – höbt s' an, d' Áhnl,
frisch ahne Umschnitt –
»Wannst in Haozátladn roast? Hast 'n öbbá vogössen, so
ern á;
Kannst 'n, so sag 'n, dá ig 'n hör, i bi hoagli gwön, dassl
woaßt schan!« –
»Gwön und á nu und is recht, dáß es seids und seids
gwön, den enk troats es.
Hoaglige Leut muaß 's göbn, sist gábs nix Schens und nix
Kunstreichs« –
Soat dá Prokrader – »und 'n Einlodspru kinnts hern,
wannts 'n hern wöllts.
Was má jungáhoat lernt, graoßá treibt, vogißt már á old
nöt!« –
»Recht hast, Mann! Do vostehn, moan i, dádn már üs á,
wann má nöt stehn« –
Soat d' Áhnl – »sitzen ja d' Ratsherrn á umá Ratstisch,
wann s' ratschlagn.« –
Sitzáder aft kráxeln s' um mitánand áfn stoanolden
Stammbám,
Oans höbt dös ander und oans hilft den oan'n, weil sö ko-
ans mehr leicht áfschwuimt.
Dort und da fáhlt án Ast, um den s' Load ham, weil gua-
ting drum schad is.
Awá dö jungá Trieb – völli aus is 's! – schier nöt zum
zöhln sánd s'!
Na, und glodn wird olls und olls muaß kemmá, was Füaß
hat.
Wöhrn wird sö á nöt so leicht oans, und azschlohá traut
sös schan go koans.

Toan s' dá do eh zwen Züg und richten iazt zwen Gáng
mit oanmol! –
»Da is 's Roasen á Freud und 's Ladn á Lust« – soat dá
Kaspá. –
»Wo wöllts anghöbt habn, bo dö weitern Freund odá
náchsten?«
»Bo dö náchsten« – soat d' Áhnl – »vosteht sö und náher
wos mir da
Hánd kui; folgsam: bon üs, und so hermá schenmächti
dán Lodspru.« –
Gspoaß will Gspoaß, denkt sö der, und na, den kann má ja
machá,
D'Ahnfrau, má woaßs, tuat viel umásist, grad volangt hat
s'umsist nix. –
»Ghoaßen also, dáß 's ziagts«– höbt ár an, dá Prokradá,
zwanns Ernst wár –
»Habts más; schen'n Dank! – Zu dá Früasuppen kemmts
fein gwiß und nöt z' spat – und« –
Bei den Wort steht er auf, ziagt 'n Huat und mit Nach-
druck spricht er:

»Nach Vollendung dessen sollen die Eingeladenen
den Bräutigam oder der Braut das Geleit geben und
helfen über die Gassen und Straßen zu den lobwür-
digsten Gotteshaus Taiskirchen, da wern sie empfan-
gen das heilige Sakra ment der Eh und der Himmli-
sche Bräutigam wird sein'n Heiligen Segen dar über
geben.

Nun aber nach dem Heiligen
Lobamt oder Beimeß, da gehen wir
wieder über die Gassen und Stra-
ßen zu den ehrengeachten Augustin
Mayer, Wirt und Gast geber zu
Taiskirchen, da wird einer jeden
Hochzeitlichen Personen auftraktirt
von der Kuchl Speis und Trank,
zwei Viertel Bier und um 4 Kreuzer
Brot und das Mahlgeld ist l fl. 40 kr.

So«, sagt á, »laut′ts halt bon üs, und richt′t sö nachn Ör-
tern, vosteht sö.«
»Brav, Kaspá, brav!« lobt d′ Áhnl, »du bist hold nu oaná
von Schwödnkriag,
Dáß 's dein Kopf nu so habt, dá mein zlechsent wiar á lárs
Beinfaß.« –
»Go z′viel weils wißts und habts, meints Moarin, drum
kinnts enks nöt mörká.
Bon üs arámá Gschlámpt derf Kopf, Sack und Magen ko-
an Loch habn!«
Soat dráf und schmutzt schen fein dá Prokrader und
woaßs, dáß 's nöt weit fáhlt.
Siah, und d′ Áhnl – Bua, der kennt s′! – áf dö Röd tuat
ganz deanmüti-gschámi:
»Was má hald naotdürfti braucht« – soat s′ – »hat má und
woaß má, vogeltsgott!«
Awer um d′Augn siagt má deutli, dáß s′ lacht und á Freud
an den Lob hat:
Herts do dár old Vadá selm, hintá wos für Leut iazt sá Suh
kimmt!
Und 'n Stauffá soat s′huimli ins Aohrn und rennt 'n mitn
Öllbom:
»Kasper, ehst gehst, tua ins Stübl án Sprung, i vorehr dá
án Schier Spöck!
Und dán Wei áf án Zwirm, Zwirm braucht rnár inständi –
án Ridl Hoo!
Dást denn nöt háldá trinkst, hau, á bráchtáts Mäul will ja
gnötzt sein« –
Soat s′ aft laut – »und á ös Manná, gehts« – mahnt s′ –
»trinkts!« und füllt d′ Glösá;
Na, und dá Kaspá, woaßt wohl, láßt sö so öbs nöt
zöhámol schaffen;
A den boarischen Zwen, i muat loign, wann i sagát, eahn
schmöckts nöt.
Und dá Prokradá, má siachts, is just für den Olden dá
recht Mann:
Selm voll Schnáxen und Gspoaß, mag á lochá, dáß sö olls

schüdelt,
Wia dár oan seine Schwänk vozöhlt, dö á gmocht hat und
nu macht.
Denn á Prokradá z' sein, dáß án Nam' hat, is koan leichts
Stuck nöt! –
Awá mir lassen s' sitzen bonánd und sausen; mit truckán
Mäul zuaschaun und zuahern, mag schan sein, dáß 's oan
gibt, dö á Freud ham;
I, Vödá, gel und du und olls, was üs gfreundt is, hat koa-
ne.
Hat s' á dá Herrgott nöt gern dö hungerign Lechátzá,
glaub más,
Überall strát ár und sáát ár und soat: wannst nöt z' lab
bist, so nimm! Dá
Prassá vorn Fastá, vorn Lappen dá Lump, übern Knotzá
dá Kotzá! –
Lassen s' sitzen bonand und süfeln und soidln, wia s'
wölln heunt,
Marign, das woaßt, muaß dá Kaspá sein áfn Füaßen und
guat z' Fuaß.
Is 's á, denn siagst 'n, dort geht ár, 'n Huat áf dá Seit und
kreuzrebi,
Is Feirtágwand an, 'n Stab in dá Händt und voll Buschen
und Bänder,
Wia es sö ghert bo den Gschäft; der mit eahm geht – i siag
schier so weit nöt! –
Is 's von Bräugger á Freund, sein Vader oder er selm go?
Mein, is 's der oder der, dá Prokrader is 's und heunt is de
D' Hauptsach. – Awá ná zua, mir lassen s' gehn uvohaltná,
Bracháten eh Zeit und Füaß nu soviel, soviel weit und
soviel ham s'.
Do döstwögn soat á heunt wia nácht und marign nöt an-
ders:
Schwenkt sein Hüatl dázua und schmutzt bon Sagn, dá
Prokradá:
»Da is 's Roasen á Freud und 's Laden á Lust und á
Kürzweil,
Lauter angsegne Leut und koan oanzigá Knopf und koan
Knausá;
D' Weibáleut rándi und schen und koane klösterli bsunná;

Is das á Löbn bald á Halbsvierteljahr fürn Prokradá, á her-
ligs,
Und dös Herligste, d' Haozát selm, kimmt erst nu nach
den Herlign!«
Mir awá lassnán gehn und vogunnán eahm d' Störkung,
er hats stark;
Gehn nach Beri und Tal und ollweil bráchten und brách-
ten! –
Awá von eahm wög grad in Vobeigehn schaumár und
losmá
Dort durs Fenster á weng, mi zimmt, i hör á Bokannts
rödn!
»Sákrá! und glaubn dád is nöt, und wann is á glaubn mua,
so gschiahts nöt!
»Herr Kawárol und Pacodö, ös, ös müaßts már in d'
Händt gehn,
Wia, das sag i enk schan und iazt trinkts und wanns grát,
hats enk graten:
Haberisch bin i nöt, i, alls laß i aus dnetter oans nöt.

> Dá Hias, der häd 's Raosidl gern,
> 's Raosidl mecht Hiasin wern,
> Sá Hias, der bin – i
> Und má Raosidl is – sie.
> Juhuhu!

Na, und is 's ganzágo z'Teufels und fáhlts, so fáhlts dert
bon enk nöt:
Áf drei haushaohe Räusch, rnoan i, wird oan Handgeld
do klöcká. –
Nöt woh, Herr Kawárol? – Und bon Sákrá, bi leicht koan
Mannschaft!
Den á schens Mensch mag, mag olls! – Und dáweil vo-
saufmá rnán Baunlahn!
Awá glaubn tu is nöt, und á wann is mua glaubn, so
gschiahts do nöt! –
Trinkts bon Sákrá, trinkts!« So weltelt dá Hias in dá Most-
schenk,
Zwen Husárn bon eahm mit gwixtö spannlangö Schnauz-
bart.

»Pássámderemdete, Mathis, wir hilf!« fluacht dár Öldá,
Schlöcht áf sán Sábl und packt 'n Kruag und trinkt 'n áf d'
Noag aus.
Und dá Jünger aft schreit: »Elelke, ich umbring!« und:
»Must her!
Wart, verfluckte Baur, wart, wirst segn, was is Husár!
Bruader, wir gut Freund zu – dich, aber Must her – Ver-
fluckte!
Sáfrá, dö Kerln ham Schneid, wann sös ebbá nöt wiedá
voloisen,
Ehts dázua wird; denn d' Schneid is wia d' Liab: wia
schörfá wia kürzá. –
Awá ghert ha i má gnua, und is enk ázwia mir – aften
gehmá!
Abnd wirds á schan daher, und i kimm nöt gern z' lang zu
dá Suppen.
Schad! – is üs awá z' weit um – bon Raosidl häd i gern
nachgschaut,
Was 's dert tuat dö guat Haut? – Mein, woan'n hald und
woanadá folign;
Olláloa Fürnehmá habri bo dá Nacht, und balds Tag wird,
in Gottsnam
Afstehn und d' Arbát anhöbn und dabei bleibn wiedá bis
's Nacht wird;
Beten um Störkung und Traost und huimli áf Änderung
hoffen. –
Mein Gott, is ja koan Load so graoß, á Starks übákitnmts
hald!
Wer nur áf Änderung hofft, bei den wirds anders, wanns
glei bleibt.
Wer auf Bösserung glaubt, gspürt sö bössá mitten in
Wehdágn,
Füaß und Arm reißts dár ab, und – wia lang? – so tanzst áf
dö Stumpen.
Nur wer voll Uwilln und Ugeduld is, kann von Hegátzá
dedt wern.
Gschiaht eahm á recht; bis d'nöt woaßt, zwöst da bist und
wer di hat hergstöllt,
Kannst nix volangá, nix Guats und nix Schlechts, wias
kimmt, muaßt ás nehmá.

Nachdenká kannst über d'Sach, awá bitten und beten is gscheider. –

Siah, was wáchelt denn dort übers Feld und wártelt und weltelt?

Auweh, auweh, geh dann, dö drei Kundten, dá Hias und d' Husáren!

Trunká ham s'es sö gnua, iazt mechten s' leicht hágeln und hándeln?

Z' sehá volang i márs nöt und á zhern is már allmal nu bald gnua –

D' Sunn taucht á schan hina und, wann is will sagn – mi hungert.

Tausend, is das á Zeil, und so schen gehts daher nach dá Schnoazen,

D' Spielleut voraus, schier ollsand in dá Gögnd, dö Geiger und d' Figlá,

Zerst dö »Drei vo dá Wiagn«, dá Toni, dá Tháddä und Ha-Hias,

Aft den Öldern sein Suh, dá Dudu-Hagn und dá schen Háning-

Fránzl, dánöbn; drauf d' Ferdeln all drei, dö kreuzsaubern von Schachá;

Gar dá »Wirt z' Schildern« is mit, der Notenschrift schreibn kann und chorgeign;

Und, dáß i dert nöt vogiß – á dá Katzenhäuthandler, dá Friedel –

Der wann nöt wár, wár um oan'n áf dá Haozát wengá, do zweng nöt! –

Na, awá heunt gebts nöt zsamm áf oans und er hámmerlt ja 's Cymbál.

D' Blaser und d' Schwegler sánd fremd, sánd extrá bstöllt worn und zuagroast.

Áffá vo Münster, Utzenoach und daher, wos dö herri-schen Baun gát;

Aft go d' Turner vo Riad mit eahn Moaster, den lustingá Schleifer.

Graoß und kloan láft zsamm und luagt vo Wuner und löf-felt;

Koans vo dö Oldn hats dálöbt und dálöbts á koans vo dö Jungá! –

Und für dö Dráfgeher aft áfn Abnd hánd bstimmt nu dá Straußhans,

Ará Wiagngeigá Gliad und á seelguats Biagl, das Hagn hoaßt;

Aft dá rár Reisl, der 's Büchserl schier bössá kennt hat als sein Geigerl;

Na und dá Blofuaß kimmt, wo nix fáhlt, wann ár anders á Geign kriagt,

Weil á von Kirötag znáchst dö seine mehr trümmáweis hoam hat;

A dá jung Finstámann láßt nöt leicht so á Glengát vobei-gehn –

Buar und das Bürschl geigt! Is koan Kunst, dens dá
Schulmoastá selm lernt: –
Stricháldö, streicháldö gehts und stimpfáldö, stámpfaldö
treten s',
Gigáldö, geigáldö geign s' – o du himmlische Schul-
moastá-Musi! – –
Spielleut mehrá wos gnua, á Volk wirds göbn übágnüagö,
Wann ná dá Platz – wiar á 's Wirtshaus is graoß, nöt
denigá z'kloan wird! –
Tausend, is das á Zug, und so schen nach dá Schnoazen
gehts weidá!
Siagst, dö zwo Bräut, dö oan jung und schen mild, dö oan
wildschen und stoanold,
Aft dö Bräuggá dázua, zwoa Mannáleut, stadli und rándi!
Was den oan'n 's Öltá schan taucht, um das bámt den an-
dern sein Jügát.
Ernstli sánd olli zwen, und án iader schaut zeitweis sein
Braut an;
Oaná wurd heunt gern nöt ausgreint, ja, und der ander
mecht geint wern,
Aft gschách án iaden 's erst Mol, was nu koan'n is gschegn
von sein'n Brauttail! –
Dö zwen Bräutführer aft voll Putz: und Brautweiber, á
zwoa,
Mit graoßmächtige Körb – Kindá, freuts enk! – voll Schif-
teln und Krapfen.
Schreits ös nár an, wann s' enk ebbá nöt sehá wölln:
»Brautwei, dahe!«
Laßts ná nöt nach zun Schrein, aft greifens s' schan einhi
in d' Körbeln –
Sechts, und werfen – tappts, Kindá, tappts! intá d' Leut á
par Händtvoll;
Und übern »Lidlstög« – láfts und sets, da habts á kloans
Strickel! –
Fahts dö zwen Brautführ áf, leicht sötzts á Söchserl, á
Zwölferl?
Herrgott, ist das á Zug, iazt zöhl i schan 97 – 100,
Hundert und 3 – 4 – 5 – 8 – 9 – l0 – hundert und zwöláf,
Lautá Bluatsfreundschaft, Moahm'und Södern und Göten
und Gotná,

Und – ja d' Áhnl! – so wohl als es dád und so woh als sies
häden,
Olli wia oaner und zwen, Zeug und Wágen und rennáde
Rössá –
Z' Fuaß muaß gangá wern von Moarhof bis hi zun Gotts-
haus. –
»Ja, wanns nu wár wia vo fufzg, vo hundert, vo zwoa-
hundert Jahren,
Wos um Kathrein schan kold is gwön und hat Schnee
ghabt roan kniatoif –
D' Schellnkránz hör i schan gern und á Froisáds is fraoh
um á Renngoaß!
Iazt is 's viel wörmá bon Wold, weil d' Leut Hitz und An-
dacht vodüsen;
Iazt froist iweni d' Leut, nutzt 's Selmtráppeln mehr wos
dá Roßtrapp.«
So hat s'gsagt. Und is 's wahr odá nöt wahr, dást má fein
Ja sagst,
Ja sagst und gehst und tuast seelnvognügt, zwann dá's
Gehn über alls wár;
Denn sist gehts – ná, nöt – schlecht, awá sierö und hárö
hald machst ás.
Siah, und ás geht á dáhi recht schen, nöt z' resch und nöt
z' ruaschát,
Eiá d'Leut, wann s'á Roß und Wagn ham, sein toan s'zun
Gehn bstimmt!
Sunn und Man und Stern und Wind und Gwásser und
Gwülk geht;
Is Gvickát schier olls geht und was nöt gehn kann, das
hupft hald und háxelt,
Dnettá dá Vogel, der floigt, Wurm und Nader kroicht und
dá Fisch schwimmt. –
Schen, recht schen gehts dáhi, mags án iads leicht dátoan
und dápfnehá!
Los', und d' Uhr áfn Turn, ázwann s' ehntár und spötá nöt
derfát,
Schlöcht, wia s' d' Kirá dároacht ham und dnettá wird
zsammgläut zun Lobambt. –
Schen gehts zsamm und ganz leicht: dá Pfarrer is Vöder
und Suh z'glei

Vo dö zwoa Bräut; und Göt erster Eh von Schul-
moastákindern.
Dö vo dá zweiten Frau hat á nimmá ghöbt, is schan z'
matt worn,
Awá dá Schulmoastá hat wögn den nöt den gringsten
Fáschee zoagt,
Ruckt eahm wia sist und eh d' Uhr, ja, und läut't, wann
ers habn will.
O, so á Schulmoastá-Seel, so á guate, neunhäutige Schaf-
seel!
»Awá dö Jungá hánd á nimmá das« – soat d'Ahnl – »sit 's
A' á hoaßt.
Sit s' musizirn áfn Cho, mit den ganzen türkischen
Krimpskrámps,
Dáß dö Gmoan ná luagt und lost statt andächti mitsung,
Wáchst 'n Kántner dá Kren und Kántnerin muit, sie wá
Bäuring! –
Afá ná áhn, meints ös!« greint d' Áhnl und macht eahm á
Feign an –
»Ná áhn, meints ös, und da wáchst üs – zoihts enk 'n auá!
– dá Knofel!
Is Schulgeld und d' Sammlung kriagts und Schmalz und
Oar nehrnts fürs Beichtschreibn.« –
»Áhnl, hau hau« – dámahnt oans – »wird ja olls á weng
anders wos 's gwön is:
Lernán ja d' Kind« – »án schen'n Schund, und án andáne
Haofart und Baoshát
Lernán s'! Anders á weng, sag – um viel und ums Baun-
volk viel schlechtá!
's Kunderl, wia gschlecht dáwöllt, zám sö mehr wos á
Baunmensch;
D' Hándwerichsleut – áf d' Löst wárn d' Höfenführá 'n
Baun für! –
Mir hánds, mir hán bliebn, wos dáradam is gwön und d'
Adaming;
Mir dánihrn dö ganz Welt und üs braucht dá Herrgott wia
eahm mir:
Kaiser und Küni und Papst und olls, wos á liabt, ißt á Bra-
ot gern!
Mir dábeten án Rögn, wann olls lechátzt vo Hitz und

voschmacht schier;
Mir dábitten d' Sunn, wann vo Nößen olls duscht und
wur austränkt;
Mir« – awá hau, das ghert ja nöt her, heunt is d' Ahnfrau
ganz anders –
So rödt s' nár iabl von Baunstolz bláht, wann s' á Herren-
mensch háribt –
Hau, und á Hárbs is nöt mild, á Sierigs rödt dá nix Liabs
nach! –
Heunt, o wia mild und frumm, wia voll Andacht, siagst
und voll Deanmuat!
Weil s'dá Herrgott so gsögnt hat mit langá Löbn und mit
Gsundheit,
Dáß s' kann zun zweiten Mol toan, was bei d e r Zeit
häufti nöt oanmol
Kinnán und derfen: heiráchten und á Haochzátmahl an-
stölln!
Und sie hat á recht, schau ná hi, dö ganze Kirá is gstrotzt-
voll
Leut, zwann á Ablaoßzeit wár, 's Schiff, d' Oratori und d'
Porkirch;
Körzen brinnán soviel, zwann Apostelföst wár odá Li-
achtmöß;
Pfarrer und Ministrirbuam stehnt in kostbarsten Anzug;
's Weißzeug áfn Altar frisch gstörkt und olls agstaubt und
áfputzt;
D' Leut, go dö Kinder olls stád, mausstád, koan Drucká,
koan Dauchá –
Leichtli gehts ausánand und ruali schließt es sö wiedá. –
– Iazt treten s' vor. – Dá Pfarrá, má siahts, muaß ötlimol
schlündten,
Eht á d' Röd vomag; glaubs gern, dö olden Öltern und 's
Tächterl
Vo sán Bruadern, den taotn, sollt á bspröchá und priastálö
zsamgöbn!
Zsammkuwliern mit án Klang, der ewi nöt lásst und nöt
áfgeht!
Bo dö Olden is 's leicht, in fufzg Jahrn gwehnt má ja 's Eh-
joch;
Awá dö jungá zwoa, go 's Raosidl mit den fein'n Hálserl!

In Gottsnam! Er muaß sö hald denká: er müaßt s' á
bograbn, wann s'
Gstoribn wárn; na und d' Fastenprödign, dö traurign, wer
halt s' denn?
Er hald, er, und wanns go z'trauri kimmt, so woant á hald
selm mit.
Na, und áso is 's á worn. – Wia dö Oldn án Ghoaß in sein
Händt göbn,
Dáß s' in Liab und Treu, in Frieden und Ghorsam wia bis-
her –
Föllt eahm ein, weil ers weiß, dáß sein Vader in Ehstand
viel aussteht
Und den 30jáhrign Kriag schan bald zwoamal führt mit dá
Muadá! –
Ein- und beid Augn áf oanmol stehnt toif in Wasser und
d' Stimm bricht.
Leut vielmächti, Haozátpaschaná, dös wissen, und andrö,
Dös dáhoam ár áso ham, wern woach und woan'n mit;
awá d'Ahnfrau
Kám dáß s' es gspürt, tuat án Räuspler án fösten – so weit
defs nöt kemmá –
Denkt s' eahm – mir ham heunt nu mehrá z' toan! – und
siah, glei wirds anders!
Das, wer 'n kennt, is d e r Räusplá, jo – und wer 'n ghert
hat, der kennt 'n! –
Wo öbs anders wern muaß, wann s' nöt bes wern sollt, dö
guat Ahnfrau.
Mann und d' Kinder und d' Freund und d' Leut aus dá
Nachbaunschaft, olls hörts;
Schau, und á guat hats tan; dá Pfarrer wird hirt wia kalts
Eisen
Und kann spröchá áfs schenst, dáß d' Leut nur vo wun-
nerswögn lisnán –
Lisnán und geltsgott! sagn, zwann á vo dá Kanzel häd
prödigt.
Wissen wohl dád is, do hau, i mags nöt vodöribn mitn
Nachsagn,
Fraoh awá bin i, z' Taod fraoh wögn dö andern und
bsunders
Wögn dá Raosidl-Braut, dáß koan süaße Brüah und koan

Lenkoch

Draus is worn – gschehá muaß 's und zun ändern wárs
nöt und wurs nöt.

Is á nix wert hin und her, liabá gradaus und furt, wanns
glei gfáhlt geht.

Tragn muaßt dein Schicksal, Mensch, und wers leicht tro-
at, den druckts nöt so bluadi,

Ráffen dámit derfst á, is eahm awá koaná nu Herr worn. –
Is Raosidl hat 's Jawort göbn, dreimol – gern, nöt gern? i
woaß nöt.

Hergöbn hat sis ámol und is dená dá Himmel nöt eing-
folln;

Nöt ámol 's Gwölb odá d' Wändt in dá Kirá, koan Ruckerl
– do ahá,

Loign derf i nöt: in dá Porkirá obn hats mit ötli Husárn
Öbbás gsötzt, woaß nöt was, is á glei wiedá dämpft worn
und gar gwön –

D'Andacht, hau, is viel z'stark, muaß sö d' Baosát allmal
glei guschen!

Kurz, vobeigangár is 's nach dár Áhnl sán Wunsch: ahne
Unglück!

D' Brautweibá habnt sö dö Körb in dá Sakrástei aft
gschwind leicht gmacht:

Was dá Soldat áf fünf Tag Camißbraod foßt, soviel Krap-
fen

Lögn s' fürn Schulmoastá hi und fürn Pfarrá natürli dös
Dowelt;

D' Bräutführá greifán in Sack und vosteht sö hübsch toif,
aft gehts weidá. –

Daustern Freidhof glei wern d' Spielleut geigát und blasát.
Leicht und lusti zun gehn dráf machán s' á Stückl, á re-
bigs.

D' Bándl an Geign und Trumpeten wácheln in Wind dáß
's á Lust is;

D' Fürtá , dö seidern, rauschen, und áf dá »Linzáhaubn«
d' Máschen

Krachán vo Steifen schier wia Hobelschoaten, wannst
dráftretst.

D' Sunn schauát gern á weng auá, geht eahm awá dá
Wind z' kold;

Macht wiar á Vögerl, das froist, ollmol glei án Pölz und
vobirigt,
Zwann s' schan einschlafn mecht, 'n Kopf in d' Pflám in-
tern Gfiedrát.
Völli huschelát is 's und 's Raosidl gruselts voneten.
D' Áhnl awá glost und glüat und is hoaß wiar á brinnádá
Sandlew –
Hau, zerst gfrerts dár in Schnee und aft reibst dár in
Schnee wiedá d' Händt hoaß! –
D' Spielleut, wia örgá dáß s'geign und blasen, wia freund-
ligá winkt s' eahn,
Na, und dö kennán das Ding und werkán, dáß wild is, so
gro schen!
D' Figelbögn boign sö und 'n »Fridl« sein Cymbál zspringt
schier, so millt ers;
'n Leuten höbts d' Köpf und d' Füaß, und Füaß und
Mäulá machts gehát,
Wár ná schau d' Haozátstubn da, gflickt wur und tanzt,
dáß 's á Lust wár! –
Hau, gách is 's stád. – Wos gáts áf oanmol, dáß 's stád is, la
guckⁿá!
»Nit geig, Zigeuner verfluckt, ower schlag ich Figlin und
Cymbál,
Pássám, olles schlag zham, wann nit Maul halt schwind –
Deremdede!« –
Herst, so schreit dá Husár und vospört eahn 'n Wög mit
nu ötlign –
Olle ham s' Tremmeln und höbn s', ázwanns glei wur zun
trümmán und dreinschlagn.
D' Spielleut – denn olls was mitn Fingern hantirt, wia d'
Schneider und d' Schreiber,
Is nöt viel mit dá Faust! – dö druckán glei zruck áf den
Anruaf;
Awá wias Hasenfüaß gát, so gáts á beißádö Hundsköpf:
»Wos hats, Sákáráwold! und wos wöllts, ös Sákárámen-
lign!«
Bricht dár oan Bräutführá laos und pröllt glei hi áfn
»Pássám«.
Der awá wár nöt z' fäul und lenierát eahm frisch oane abá,
Wann á dár ander nöt fieng just nu recht und zruck riß

und röttát –

's Ertel á is guat gwählt: just bon Stög, wo nár allzeit án
Oanzigs

Dráf kann und drüber, da plescháten schan eahn ötlige
ellá –

Awá dá Bräuggá, dá jung – eiá kimmt den áf oanmol dá
Bitzlá!

Sákrá, und schau eahm zua, der vosteht das Gschäft! –
»Wen is 's Löbn fail?«

Schreit ár und schoißt wiar á Schußnadá schnell übern
Stög und dáwischt glei

Zwen áf oan'n Griff und höbt s' grundlaos und láßt s' á
weng schnöbln in Lüften –

»Enk zwen Nigeln wárs fail« – built á – »aber i mags nöt!«
– und láßt s' falln.

»Höbts enks áf!« – brüllt ár aft dö andern an, dö ganz stárr
stehnt,

»Odá blangt enk zun eahn, nur án Rucká toats und án
Mucká! –

Spielleut, frisch auf und frischan, und frisch nachi Leut
nachi, i bleib stehn!«

Schreit ár áf d' Seit, awer Augn wendt á koans, leicht á
denn 's Bannásirn kann! –

Siah, und alls folgt, sá Sprách und sán Arm sánd
Gschwistárátkindá.

Gehn muaß 's, wann á schafft: »Geh!« und bröchá, wann á
soat: – »Brich, Dröck!«

Awer á bleibt nöt álloan, dö zwen Bräutführá, siagst ás
und – is leicht

Schan in dár Art! – sá Vadá, dár old, stölln sö ráffárisch
nöbn eahm.

»Fáhln tuat dá nix, Sepp« – soat dár Old – »und freun tu-
ast mi ollmol!«

Awá dá Sepp, i sag, er hert nix und siacht nix von Vadern:
Dnettá geht 's Raosidl, sá Braut, sá schens, sá jungfräuligs
Weiberl,

Mit dár Áhnl vobei und – ná, ná, e irrt sö nöt dösmol! –
Schaut 'n voll Freundlikeit an, weng fáhlt, dáß s' glacht
häd und gwunká.

Herrgott, á freundligá Blick, wer oan'n kriagt hat – den

ersten! der woaß 's schan:
Kötten zriß má, Krautstoan fráß má, umbrácht má vo Liab oans,
Nix gábs, was má nöt kunnt, und án Unglück is 's, wer nix z' toan kriagt! –

»Pássámderemdete«, stád! Sist dárennt á dö, aus is 's,
wannst anhöbst;
Schad um dein kaisáligs Gwand, will nöt sagn – um dein
Löbn, das hast gschenktá!
Awá sö kennán den Toag und – nöt z' glaubn schier! –
halten sö mausstád,
Bis olls für is und furt, das macht 'n Seppen viel rnildá:
»Wehtan han i dert koan'n? – Das Teufelszorniwern!« soat
á,
»Gehts már áf d' Haozát dafür, frei'n Trunk habts und 's
Tanzen kost't á nix;
Und ders 'n schensten kann – Mann á Wort! – den leih i dö
Braut selrn.«
Soats, nöt gspötti, nöt gstolz, und geht; dö andern drei
gfolign.
Langsam án Ertel hintnach gehn d' Soldaten und
wálschen áf ungrisch,
Kennt á koan Teuxl eahn »lem«, eahn »eki« und »de-
kimarschleki«:
Eahn' absundálign Fluach kennt á fünfjáhrigs Knáberl
und – »Máthis,
Máthis!« vonimmt már oll Bud, und 'n Bräuggán kimmt á
Gödanká,
Soat awá nix, nöt sán Vadern und neamd, awá wart, denkt
á, beit, Hias!
Denn so leicht láßt nöt nach, wer so anhöbt, roat á ganz
richti;
Awá hol dárn ná gwiß, kriagn tuast 'n, dein'n An-
stiftálahn, Hias! –
Das hánd schen stád in Kopf 'n Bräuggán seine Gödánká.
Na, und mir wern schan segn, hat á recht odá nöt und
wias gehn wird,
Irrt sö leicht nöt á dá Mensch, und án öftern, wann á vo
Liab brennt:
Olls, meint á, schaut áf sein Schatz und án iads mecht 'n
heunt odá marign.
Üs gehts á nöt soviel an, und wer zuaschaut, liabts, wann
viel z' segn is. –
Das iazt is aus und vobei, dö Bräutführájuchátzen wiedá;
D' Weibsbildá schnadern und rödn: »Na gel!« – »Ja hau

du!« – »Moan'n sollt más!«

D' Mannáleut hánd voll Gurásch, weil 's Ráffen so glückli
án Endt hat;

D' Áhnl taucht 'n Ähnl áf d' Seit und geht mitn Schwi-
agásuh, Joseph –

»Raosidl« – lacht s' –«wos gást áf, wann má Bräuggá tau-
schen und Manná?

Odá toamá glei um und i gib dá má stoanolde Haut z'
Gwing! –

Sáfrá, mir wárn á Paar!« soat s' und ranzt sö, dáß Rucken
und Lend kracht.

»Ráffá ha i nöt gern, do dá Zamráffá« – schmutzt s'- »is
má gro lia;

I, woaß i wohl, pack koans an, awá woaß i, wo mi nöt o-
ans anpackt!?

Wos denn dö ,Blomoasen'wöllnt, ham eahn mir nix in
Wög gloat und z' Load tan!

Afá du sáfrischá Sepp!« – und schmutzen kann d' Áhnl so
schen mostsüaß.

»Scherzen ham s' wölln« – soat dá Sepp – »und da han i
hald mitgscherzt und Gspoaß gmacht.«

»Kenn á«, meints Ahnfrau, »wanns naot tuat, án Ernst
und – heunt kanns nu naot toan.«

»Muist?« – »Ja, i moan; awá laßts ná bolei mán Raosidl nix
mörká –

I han án Wahn!« – »I á Gspur!« – »Ös zwoa, nöt go
z'huimli!« schreits ruckwárts,

»Odá dár Ähnl und i – dö jung Braut – üs graust leicht
von Schensein!?«

In Seppen sein Vader, wer sist, macht den Gspoaß und is
guat, dáß er 'n gmacht hat,

D' Áhnl und dá Sepp hädn 's Stirn und 's Grübeln anghöbt,
und wia oft is

Schan vo w015pláden Zwoan dö halb Freud, dö ganz Lust-
barkeit gstört worn!

Awá koan Sorg, ás kimmt schan wieder in Gang – hau, ás
geht schan!

D' Haozátbuam, herst, dáß 's alls hellt, schrein »Juh« und
d'Spielleut zimpimperln

Mir awá lassen s' gehn und laufen voraushi zun Wirtshaus.

Siagst, da steht schan alls auf dá Gred und paßt áf d' Ha-
ozát,

Go dá Broiherr selm is nöt z' graoß heunt, dáß á dáhoamt
bleibt;

Láßt sán Hasen á Rua und stört koan'n Fuchs in sein'n
Gligá;

Schröckt koan Krahn áfn Feld und schoißt koan Oacherl
von Holzbám;

Hund und Herr hat heunt Rast und 's Büchserl hängt áfn
Nagel.

Alls hat á Rua von sán Sachán, dnettá sein Mäul und sein
Hausgsind

Hat dös Dowelte z' toan; –«Hánsel, Reinthalá Hánsel!

Hast dö Kalm, dö golt, gschlagn?« – »Ja, Herr« – schreit dá
»Brandfuchs«, »dö liegt schan!«

»Seidnfellná« – schreit á – »is 's Bier gricht?« – »Ja«, ruaft
dá »Gschwollnfuaß«, »gricht is 's!«

Richten, das muaß i enk sagn, hoaßt: hast ás tauft gnua
mit Wasser? –

»Bártl, is d' Köglstatt köhrt?« – »Is schan ausköhrt«,
knauferlt dá »Stumpfnas«. –

»Hans« – schreit á – »Hans« – und schaut áf d' Leut, »stich
dö Keibeln, oll söchse,

Brádeln brauchmá heunt gnua und – spann fürn Löderá d'
Häut auf!

Hanerl« – schreit á – »hast d' Schaf dáhoamt, dö drei
krumpen wern gstochá!

»Vierö, Herr, vierö hánd krank« – schreit dá »Hupfauf«
und »vierö hánd z' stöchá!«

– »Stöchts und schlagts und rámts und richts und rührts
enk, ös Grablá!«

Schreit dá Broi und schoißt aus und ein und – d' Broin
hats in dá Kuchel:

»Köchin« – fragt s' – »bist gschickt, wann d' Haozát kimmt
und mecht össen?

Menschá, habts Holz gnua und Witt, und is 's Zinngschirr
bei Handten und saubá?«

»Ja«, sagt dö Köchin und »ja« sagn d' Menscher und pos-
seln und rennán;

's Broihaus, dös ganz, is auf und alls strabelt und zabelt
und tuat sö
Um, go dá Broiherr selm hat Dáweil heunt, dáß á was an-
greift:
Denn dá Broiadel, hau sitzt ab von Straßenkaot und von
Baunmist!
Wissen toan sis go wohl, awá wann már eahns soat, is 's
eahn zwidá –
Zwidá hi, zwidá her, i hans gsoat und iazt schenkts már á
Bier ein –
Ein und á guats, sist fáhlts, i wir pfnottát und roatát und –
hüats enk!
Enk und dáhalts mi schen mild, i woaß á álláhand
Freundligs,
Freundligs und Friedligs und Schens, na, und schen wár i
gern oll mein Löbtá!« –
Siagst, iazt siagt más schan gehn herauf nachn Bach in dá
Herrnwies.
D' Áhnl wia d' Glockenkua – dö Glocken natürli hánd d'
Spielleut –
Alln voraus, dö andern schübl- und trösátweis nachi.
Wia um d' Reidá dá Staub, floigt á lustigs Gsunn um án
Haufen –
Das hat d' Musi so schen, dáß s' 'n Leuten lachár und wo-
an'n hilft!! –
Ollweil náhádá ruckts und wias kimmt, lockts d' Leut
ausn Häusern:
D' Kindá nix áf, dö Gsölln nix an und dö Köchin nix um
und
's Abwaschámensch stöckt nu gschwind von ruaßingá
Fürtár 'n Zipf áf;
's Schulmoasterl steht schan vorn Haus mitn Kiráschlüs-
seln und freut sö,
D' Fingá zuckán á schan und d' Zähnt ham eahm lang nöt
so gwássert,
Olls geht heunt zwifach her, dö Trinkgeldá dowelt und d'
Krapfen!
Und bo dá »Prámingá Frau«, bo dá Liablign mit den
schen'n Kinderl
Geht koan Brautpaar, koan nois, do gwiß nöt für ahne z'

bitten
Um sán himmlischen Sögn und ahne dáß 's eahm á Gab
bringt;
Is ahnedem, woaß neamd wia, um sein Wahlfart kemmár
und arm worn,
Arm zammt e a h m , gleiwohl Sie hat dená nu z' löbn,
dáweil s' taot is,
E r aber, e r , dá Lemdö hat z' viel sitdem, dáß á sturib!
–
Ollweil nähádá ruckts, und dö Kindá schrein schan áfs
Brautwei,
Und übern Stög spanán d' Buam Schnur áf Schnur und
fahán dö Bräuggá,
Bräuggá, Bräutführá, Brautwei, olls, wos sö fahá láßt,
fahán s'.

Oan'n awá gách wirds z'viel, zuckt 's Stilett ausn Zwerist-
sack und

Schneidt – was nöt áfláßt, gschwind Strick und Schnur
und Bándel frisch wurzwög.

Je, da geanlöffeln d' Buam, stattn Trinkgeld – Ertel und
Trümmá!

Gschiaht eahn awá schan recht, und gstraft muaß wern,
was koan'n Bom hat;

Grobian, schau, wias dá schmöckt! und aft nimm eahm
öbs, was á gern hat. –

Nach dá »Liabn Frau« aft is das Geistlige abtan und alls
aus,

Und dö lustingá Weltdrei: Össen, Trinkár und Tanzen
Nehmán 'n Anhöb. – Schau, wia vornehm dö Tafel schan
döckt is!

D' Tischtüachá schneeblüherlweiß von schwáren, ein-
garáchten Fuaßzeug;

's Zigschirr hi dö ganz Läng, das glanzt, zwanns silberpla-
tirt wár;

Aft dö drei Hauptstuck: Mössá, Gabel und Löffel, olls
fankliacht.

Gustáli anzschaun is 's und án iaden wird áwáditli.

Recht, und áso wöllmás habn! Denn sechts, da kimmt dö
erst Richt schan:

Schüsseln, án ötli so graoß ázwia d' Kösseln, mit gsatteltá
Suppen –

Spreizts enk nöt lang und folgts 'n Prokradá, wor ár enk
hizoagt,

E hat z' schaffen iazt, e woaß, wo án iads highert, dáß 's
recht sitzt.

»Bitt enk go schen!« so bitt ár und schoibt dös oan dort,
dös oan dáhi.

Tausend, braucht das án Ernst, volautá Deamuat wern s'
stützi,

Schwár wern s' vo lautá Gringschátzen, vo lautá Weng-
zimmá wern s' häufti.

Awá kimmts nár in Gang erst, wötten aft tu i, dáß 's flink
geht,

Sechts es, d' Suppen, wia s' reit't und voschwindt mit Sat-
tel und Zeug! Ja

Kenná muaß má sein Volk; awá d' Schüsseln wern á schan
gwechselt,
Wögn dá Naot hats koan Gfahr, dö vollá lesen dö lárn ab,
Fleisch für án iads á schens Trum, und án Össikren, der vo
Störk raukt,
Der is für d' Mannáleut recht und dö Zwifelsoß schmöckt
'n Weibern!
Kraut und Kohlrábi bleibt stehn, d' Wochá sibnmol is o-
an'n nöt seltsam!
Ollweil nu bössä kimmts: schau, iazt bringán s' droi Kei-
bel áf oanmol.
Awá schan z'stückelt und z'hackt und schen safti kemmán
s' und braunbradn.
Sáfrá, da schnotzeln dö Baun und dö Bäuringá össen so
zierlá!
Dáß s' dert koan'n Tropfátzá kriagn in dö seidern Tüchel
und Fürtá,
Broaten s' Sacktua áf d' Schaoß und schleckán in oan'n
furt án Fingern,
Göbts enk nár acht, meine Leut, kost't enk Müh und Plag
gnua enkä Haofart!
Eiá, häds, was 's habts, nöt und liabá dafür öbbás anders:
Statt dá Haofart Geduld, aft wurden d' Weritág Feirtá,
Stattn Schinten und Plagn kunnts rasten und lösen und
beten!
D' Welt aber is nöt so und drum hán má und ham más
ganz anders.
Siagst, bon Soilat is wieder áf beid denkt, Mannár und
Weibá:
Süaßer und saurer is da und dá Zelrá is ansüaß und an-
saur.
Hurti haun s' drein und ás schlaunt, mein, á Haozát is ja
koan Fasttag,
Und in á Haozát zoiht koan Karthäuser und koan
Kallatzá!
Dort und da oan'n, so schnáblirt á! rinnt d' Feásten schier
intán Koi zsamm. –
Hau, d' Áhnl höbt sö, voricht sá Gebet und vonoagt sö
gögn ollsand –
»Wolfgstillt, moanát i wárs«, soat s', »dá Mogn kunnt

gstörkt und 's Herz zfrim sein;
Spielleut!« – ruaft s' läuder – »iazt höbts enk und rührts
enk, dá már öbs z' toan kriagn!«
Und sie hats nu kám gsoat, steht schau olls áfn Füaßen,
und d' Spielleut
Geignt schan. – Sikrá, geht d' Áhnl nu so gring bon
»boarischen Langaus«,
Zwann s' koan Boanl in Ruck und d' Füaß an án Schnürl
bon eahm häd –
Olls steht vowunert und schaut und – »älsso, Áhnl, älsso!«
is oan Ruaf.
Schau, und 's Wei freuts, dáß más lobt und á Kenná hat
und án Einsicht.
»Wiagngeigá!« – ruaft s', denn sie woaß, dáß sis glernt
habn müaßen und kinnán –
»Geigts má Minet!« – und »Kaspá!« – ruaft s' und winkt 'n
Prokradá –
»Sist – mein Oldá hat ollweil« – lácht s' – »bössá krauttret
wos tanztret –
Na, und sist, will i sagn, kanns ebbánt eh kuis wos mir
zwoa!« –
Kám awá geign s' und sie nimmt Postur mitn Káspán, da
schau nur,
Siagst, dá »boarische Vader« und wart, was is 's denn für
oanö,
Dörá sö áfzogn hat – is 's nöt 's Brautwei dös oan? – Ja, ja
is 's schan!
Siagst, wia rund und wia rár dáß sö das Paar Leut dázua
anstöllt! –
Sagn tuat s' koan Wártel, d' Áhnl, awá schaun tuat s' gra-
oß vowunnert,
Graoß vowunert schaut s' und denkt muaß s' eahm ham
bon eahm hoamli:
Hitanzt werdts, wo nix hilft! – Und schauts ná das Weib
mit der Jahrzahl –
D' Füaß gehn so gschmalzen und leicht, und wia schen
und wia gschmáchi dáß s' d' Arm speilt;
Schau ná dö Buckerl, dö schen'n, und wia zierlö dáß s'
Fürtár und Schaubn höbt;
Olls steht voll Freuden und schaut und – »älsso, Áhnl, äls-

so!« geht 's Schrein an,
Siah, und is freuts, dáß sis lobn und á Kenná zoagn und
án Einsicht –
's Kasperl hald á is, woaßt, vö dö ersten oaner á Tanzá,
Söttánö Leut is koan Kunst, dö ollweil dábei hánd und
mittoan! – –
Wia denn 's schen Raosidl tanzt? froat dort oaner. Mein,
schen hald, schenmächti!
Heunt awá tanzt werdáwöll, 's greßt Gschauát heunt hat
schan d'Ahnfrau. –
Längá wos sist ollmol währn heunt dö drei Ehren- und
Ehtánz,
Ja, wann nöt áftragn wur, dö zweit Richt nöt schau áfn
Tisch kám,
Gángs schan furt naránand, drin hánd s' und 's Lobn is
wia's Sporná:
Ollweil nu gschwindá hötzts und joads, daß 's troift und
daß 's angeht. –
Awá's Tracktáment raukt, und á söllás Mol, wo alls zahlt
wird,
Zahlt und das guat, láßt dá nöt gern d' Sach voraukár und
kold wern.
Hau, 'n Baunmenschen is ja d' Wirtshauskost ámal selt-
sam!
Allweil Suppen und Kraut und aft dráf á siebn spindigö
Spöckknodn,
Selten á Fleisch, na und kriagst ámol oans, is 's á
muffáláds, madigs,
Oder ás is von án Vieh, das s' schlagn habn müaßen und
stöchá:
Von á franzosingá Kua odá von án pfiningá Saubärn –
Da schau und heunt wird eahn kocht áfs vornehmst und
áfgsötzt áfs prächtigst!

Freili, dö heunt bonand sitzen, lautá rándigö »Herrn-
baun«, Löbn á dáhoamt nöt so schlecht und wárn nöt
gscheit, wann sös táten
Braot á kornás, á schens, in d' Suppen und intá dá Mahl-
zeit –
Fleisch á schweiners, á gselkts, und á rinders, á frisch's
aus dá Fleischbenk;
Most, schen gelvlát und mild, der fárábt eahn 's Gsicht so
schen anraot,
Ja, und 'n Baun wáchst dá Godá, siagst, und d' Schnazen
dá Bäuring,
Awer ás schmöckt hald döstwögn olls anders und bösser
in Wirtshaus,
D' Köching is ja dráf glernt und kocht nöt áf –
»Gsögndársgott-guat-is 's!«
D' Weinberlsuppen schan gar, an der kunnten sö d' Wei-
ber á Load toan,
Wann ná d' Kindá dáhoamt áf án oanzigs Löfferl voll
dawárn!
Toamár eahns gschwind intá 's Bschoad, áfn Abnd nach
dá Schul wern s' schan kemmá;
D' Mandelböbn á und á Stückl, á zwoa vo dá Breseltorten,
Gsodens und Bradens dázua und ganze Semmeln und
Brocká!
Süaßs und Saurs und Hirts und Lens áf- und duringánan-
da
Tragn s' in án Gschirr als Bschoadössen hoam und in Ma-
gen als Mahlzeit
Hi wur dá Mensch, wann ás eftá häd als zu seltsamá Zei-
ten! –
Awá mir lassen s' dabei und ham ünsá Freud, dáß 's eahn
wohlschmöckt.
Moring is alls wieder aus und anders, tausendmal anders:
Wieder in Weritaggwand von Zwüli und rupfená Leiwád
Hoaßts wieder arbáten grob und nix lassen gspürn von án
Hoagl,
Helfen natürli dáds nix und drum wárst á Narr wannst ás
gspürn luaßst.
D' Baun awá hánd nöt so dumm, mein du, wia más iabl-
mol anschaut;

Richt eahns ná lusti her und gib eahn brav z' össen und z'
trinká,
Ahne Gedankár áf nácht und moring wern s' dá ganz
heunti.
Na und áso is 's heunt gricht, denn alls is in Übáfluß an-
holbn,
Und dá Prokrader, o, der tuat sö um ázwia 's Háderl in
Stecká:
»Kellnering!« schreit á, »Áfwortámentsch! daher, daher,
da fehlt öbs!«
D' Áhnl – er mörkts – awá schaut á schan lang, dáß á
kennt, sie hat Wohlgfalln,
Und wia s' eahm winkt und deut't, woaß á, dáß ár 's nöt
umásist tuat.

Awá wia wárs – von Speisendell is's völg á weng dusti! –
Wia, wann más liaßen bonand und gángán, bis 's agössen
sein wird,
Aui á weng in d' Frei, dá sáchmá, wia d' Leut zuhápof-
feln.
Siagst, 'n Öcklberi hera kemmán »d' Párichamá«, dö stri-
dign,
Sist á sauberne Zöch, schene Buam und lustige Tanzá,
Awá hald hoaß, gro hoaß und bon Eitzingá brinnts leicht
in oan'n furt! –
D' »Ewáschwangá« – voraus dá Pritschöbrei-Woferl vo
Forstern –
Kemmán, dös Teil áf dá Straß, dös Teil übers Gehholz vo
Piansham.
Lautá rándige Buam und Ráffer, oan vo dö ersten;
Guck, und vo Schildern herum und her vo Ewásau
kemmán
D' Pümpf vo »Waldzell« und d' Peanken vo »Lahnsberi«
angruckt,
Kerln ázwia d'Tannzepfen gröckt und ridárisch anzrührn
wia Grassát;
Hau, und –

> »Älsso, Buam, wihrts enk ná,
> Heunt kemmán d' Jetzingá,
> D' Jetzingá hánd schan da,
> Nehmánt enk d' Menscher a!
> Jujuhu!«

herst ás und siagst ás, das hánd dö »Drei Hüabingá Moar-
buam«,
Nöt so rándi wos hándi, so graoß nöt wos haoch und glei
hupfauf,
Aushabn muaß már eahn hald, weil sö koan Aushabn nöt
glernt hamt. –
Siagst, und von enters Wald, von Ottákrigen, Otzigen,
Stuiming
Kemmánt go Buam, brauán 's Mäul nöt z'rührn, má kennt
d' »Lándler« in Gwand glei:
Aábrödelte Hüat und, dáß s' anlögn wia d' Strümpf,

gwalchte Stiefeln;
Rödntoans', »eschtun zescht« und »gheert und ghad« und
»wanns warn wá« –
Na, ham dö Unsern dö Straoh áfn Denn, wann á
Dröscháts gách auskimmt! –
Menschá vo links und rechts, bald zwo, bald mehrá bald
oane
Olde Trümá dabei, den 's Nárrisch go nöt vogehn will,
Und den 's z' bald kimmt, Goaßerl bluatjung und zun
z'bröchá, so keisch nu –
Kemmán, dö Tüchelzipf übers Mäul sobald s'an oan'n
fürgehn,
Und wann más anschaut, ho, da steign s' und stöchán
mitn Zehán,
Eiá, án Schamá ham s' do, dö olden Flaucknár und Flit-
scherl!
Mein, und dá Názi, dá blind – fufzg Jahr, wann s' klöckán,
schan kimmt á,
Zwann koan Haozát vobeigehn kunnt, wo dá Názi nöt
drauf wár,
Kimmt ázwia allmal – álloan; áf á Stund in Kroas und nu
weidá
Woaß ár all Wög und Stög, oll Stiagerl und Steigerl und
Stigeln;
Kennt ár oll Gráberl und Grüabn, oll Bründel und Bácherl
und Grundlaos.
D' Buam, wia s' schan zennárisch hán, dö kloan'n wia dö
graoßen, dö tráznán
Iabl und schroignán án Eicht, dáß á scheldát wird und aft
bittát,
Zupfnár und stupfná bal hint und bal vo und treibn mit
eahm Schalkát,
Bis á sterkelt und spürzt und mit beed Fäusten um eahm
schlöcht.
»Sákrá, Höllsákráment!« gehts aft und – »ös Spitzbuam, ös
Toifeln!«
Awer 'n Buamán is 's wohl, hau, weil eahn Übámuat
z'graoß is.
Gern aft wann á seins Wögs abschia, nimmer aus und vo-
dann woaß,

Wann á stattn Schelten schan bitt, láft oaner áf d' Seit und
höbts schrein an,
Zwann ár erst kám und eahm z' Hilf: »Ös sáfrischen
Lumpen ös!« schreit á,
»Laßts mehr 'n Názi nöt gehn, warts! – Gel, iaz kinnts láf-
fen, ös Schlánkeln! –
Názi, wos ham s'dá denn tan?« froat ár aft und nimmt 'n
bon Arm und
Weist 'n wieder áf recht. – »Hau, zennt ham s'mi wiedá,
dö Toifeln,
Ja, und, Pedá, geltsgott, dást má gholfen hast! – Hast ás
kennt á?
Sag márs dö dunnrischen Hund, aft sag i wann s' fragn:
‚wia old hán má?'

Just áf án Tag woa is 's nöt, awer öldáne Hund schlöcht dá
Schindá;
Fert hádts nu rotzi gwön und áfs Jahr werdts erst truck128á
bon Aohrnán!
So sag i, Pedá, háhá, gel recht gschiaht eahn, Pedá, den
Schliffeln!« –
»Gschiaht eahn schan recht, Názi, ja«, soat dá Bursch und
dá Názi wird roatát.
»Du woaßt leicht dert, wia oldst bist?« froat á – »beit, áf
Simani wirst zwoanzgö!
Schod um dán Ähnl, e wá hoi siebnzgö worn, wann á
löbát;
D' Áhnl is á ‚Knaustochtá' gwön, döl Leut bringts kuis
übá sechzgö;
Vader und Muadá, wart – zöhln mitánand oanáneunzgö,
Droi hat dein Vadá bovo; und dein Schwöstá, d'Juri, wird
oanláf;
Vierö, ná fünfö go hánd kloanáhoat gstoribn, dö zöhln
nix. –
Pedá, gehst leicht du á áf d' Haozát, natürli, wo sist aus?!
Heunt wirds á Völln mehr kriagn, i bi fraoh, má Platz is
má sichá;
Hintá dá Spielleutbenk, i woaß 's, volangt sö koan Hund
z' lögn,
Pumpert und beidelt eahn z' viel; i awá laß 's beideln und

pumpern,
Mörk má dö noiá Tánz von jungä Hagn und Háning,
Hau i dáhuit bo dá Nacht dert wieder öbs z' raunln und z'
humsen,
Ollweil dös Olde wird mir, mein Pedá, so zwidá, wias enk
wur,
Hau, und fürtaus sinnirn und roaten macht már 'n Kopf z'
dick:
Gögn droitausend, mein du, hánd hald ellá wann má s' in
Kopf troat!« –
»Mi, Náz, wöttmá, mi« – schreit oaná vo dö Vosprengten,
Dö sö oll, wiar á schmátzt, stád wiedá náhern und her-
stehln –
»Mi, Náz, kennst nöt und woaßt nöt, wia old i bi.« – »Und
mi go nöt!«
Schreit dá zweit und dá dritt und vostölln eahn Stimm
und rödn döwi;
Awer er mörkts, dáß s' 'n fockán, und denkt sö: dö hánds,
dö mi trátzt ham!
»Kenn di schan« – soat á – »du bist den olden Batzenlippel
sein Lipperl,
Hoi hundsjung und saugrob. áfs Jahr á weng ölder und
gröber!
Enk zwoa andern – is schad! do i kann mi nöt bsinná und
guat is 's –
Ölder awá sáds kám wos ünserne Salzburger Terzen;
D' Öchserl, meints ös, hánd brav und wern sicher zwen
stattlige Ochsen!« –
Soats und geht, wann sá Stroafen und Stroppen anders
dert Gehn hoaßt:
D' Händt wia d' Hörndl dá Schneck voraus und aft wiedá
wia d' Schnecken
Tridl für Tridl dáhi – wohl langsam gehts, awá gehn tuats.
Hädnán ná d' Buam nöt voweilt und d' Müllnáhund zu
Raohrát nöt angfahrn –
D' Hund und dö Buam, wann ná dö nöt wárn, moant dá
Náz, odá frümmá! –
Längst wár á dort, und heunt is schad um á jede Minuten:
Heunt gáts z' trinká gnua, weils gwiß gnua fragáde Leut
gát;

Na, und dá Nazi nur Bier, nur Bier ganze Kanln und
Krüag voll!
Auskimmts ehntá nöt z' oft und dáhoamt hat á Wassá wia
d' Kölbá! –
»Nazi, kennst mi?« schreit oans von án Öcktisch daná –
»Na, nöt recht!
Bist leicht vo Porz?« – »Naja« – »Jeschpás hau, du wirst
gen bol vierzgö,
's Supherl, dá Wei, is dreiádreißg worn und dá Muader
hat sechzg ghabt;
Vier Jahr wirds in Hinaus, dáß 's dán Vadern in Holz
dáschlagn hat;
Der in dár Ewáschwang haust, sá Bruadá, dá Gottel, wird
siebnzgö;
Awá so old wia eahn Vadá, dán Ähnl, wird koaná – schier
hundert!«
»Názi, zwö soll más nöt wern?« – »Weils neamd nix
vogunnts und enk selm nöt!«
Trumpft á, schan z'lang gehts eahm her, dáß ár: »bring
dárs!« sagát und brácht eahms.
»Na, so zapf an!« lacht dá Mann, und dá Nazi nöt z' fäul
trinkt 'n Kruag aus.
Mit án Kreiser aft wischt á sö 's Mäul und soat: »Geltsgott
und guat is 's!
Guat is 's und brav bist, Bau, wia dán Ähnl, und mi
zimmt, du wirst meh nu!«
Hau, soviel troats eahm nöt oft; denn án iads sist trinkt,
ehts eahms zuabringt,
Weil schan bekannt is sein Brau: was drin is in Kruag, das
muaß außi. –
Wann er aft Hunderten gsoat hat, wia old, und wann d'
Zung schan schier schwár wird,
Is ár áf oanmol dáhi und liegt, wos koan Hund nöt
dáleidát:
Intá dá Spielleutbenk. – In dá Frua, wann d' Menscher
mitn Besen
Zsammköhrn, was von aller Welt Pracht und Herrlikeit
zruckbleibt:
Fetzen, Staub und Mist – siah, da finden s' 'n Názi, der
schláft nu!

»Nazi auf, auf!« schreit 's Mensch und nützt 'n Besen als
Wöcká;
»Glei«, soat á, »Mirl, glei glei! – áh – áh! – glei glei! – bi
schan dadá!« –
»Názi, wia geht denn dá Tanz, dá noi, den dá Hagn nácht
geigt hat?«
Froat 'n dö Jüngá, d' Ursch – »gingging« – höbt ár an dráf
und humst eahn'n,
Humst und klöckelt dázua mitn Fingern – langmöchtige
Nögeln
Hat ár ollweil – áf dá Brust und nennt sein Klöckeln
Cymbálschlagn.
D' Ursch wirft 'n Besen áf d' Seit und fáht d' Miaz und
schreit: »Tanzmá!«

> »I bin á frischá Bua,
> Tanz vo spat bis in d' Frua,
> Tanzen und Weibáleut,
> Das is mein Freud!«

Singt á seelnguate Seel, dö á koan Hoamweh nia plagt hat,
Dö nu sein Löbtá der Erst und dá Löst nia hat kemmá und
gehn gsegn,
Der á Höchzátl, nu so kloan, gwiß ollmol drei Tag daurt.
Nix wos d' Nasen, dö raot, wird sichtbar und krágátzen
hert má 'n.
D' Ursch, dö Ruasch, awá herts kám, so schreit s' schan:
»Naßkittel, da her!«
Wanns nur á Mannmándl is, moant s', aft is 's Wácheln
glei bössá;
Awá dá Názi soat: »Ná, 'n Naßkittel' gib i koan Geign a!«
»Herts es«, lacht d' Miaz und gát der Ursch und 'n Kund-
ten mitn Besen án Deutá,
»Geh ná – soat s' – »geh«, und schoibt 'n, »dást nöt vo dá
Zeit áfn Mist kimmst!
Zerst wia Mist Geld, aft stattn Geld Mist – wirds halt ho-
aßen, gelt ‚Duschnaß'!«
Ja, mein »Naßkittel«, ja, dö wildern Leut, dös hánd d'
Wirtsleut:
Wannst dein Güatl, dein ganz, votrinkst und hast ás

votrunká,
Beitn s' dár nu oan- zwoamol, aft schaffen s' di furt
wannst nu Durst hädst,
Na, und speilst di á weng, so lást schan draust áfn Braod-
sack,
»Lump!« schrein s'dár nach, »Kalfackt!« und – »Scher di
zun Teufl!« hoaßt »Bfüatgott«.
Ja, mein »Naßkittel«, ja, dá greßt Undank wáchst áfn
Schenktisch! –
»Názi« – soat d' Ursch, dáweil d' Miaz nu sán Tanzer fur-
trádelt, 'n »Duschnaß«,
»Názi, án Kruag voll Bier kriagst vo mir, wannst dá Miaz
soast, wia old s' is.« –
D' Miaz, schan hübsch spánrucki, woaßt, wár nu ollweil
gern jung und drum trátzt s' d' Ursch.
Awá dá Názi woaß 's á und soat: »Du bist ölder wos 's
Mirl is,
Ja und meh wos vo dir, weil s'meh hat, kriag i Bier vo dá
,Mirlmoahm'!
Z' Lahn aft, Mirl, gelt ja! – richt i wieder Ebbán án Gruaß
aus;
Di láßt neam grüaßen, du Drud!« – »Awá Názi, wart Názi,
das büaßst má!«
»Gschiaht dá nix, Náz! » – soat d' Miaz, und wias wird aft,
kinnts enk leicht denká:
Is Názerl wiráfelt hoam und singt sö á Tánzerl, á lustigs,
Just, wia dö gschlafená Leut voll Hunger beten ums Frua-
astuck;
Is Názerl lögt sö und röckt oll Viere von eahm áf dá Höll-
benk,
Just, wo dö andern 'n Löffel wischen und aufstehn zum
Dröschen.
»Názi, drischt mit?« froat á Knecht, der eahm neidi is um
sein Güatát.
»Zwö denn nöt« – soat dá Náz, »wannst ás leidst, dá i di
áfn Kopf drisch,
Auá föllt freili nöt viel vo dán aftern Kopfstraoh, du Stra-
ohkopf!«
»Hau, á Frag is ja frei« – greint dá Bau – »du Kund, du
ugwamstá!«

»Drum kann más bleibn lossen á« – schnappt dá Náz –
»awá antworten mua má.
Gel, du froast mi um nix ganz Tág und ganz Wochán, um
go nix!
Weilstá nix z' wissen volangst vo häufti, wos i dá z' sagn
häd:
Frag mi, wo i zfrim bi, ámol, wo i kriag, wos má gschofft
is und zuaghert!
Wár n á dá Vadá nöt taot, nöt d' Muadá gstoribn vo Load-
tragn –
Gsögn dárs Gott, i wir old – awá gehts ná, gehts ná und
dröschts brav,
Laßts enk 'n Zorn aus in Denn, de is hitzer, de gspürt nix!«
–
»Weilst ná dert 's Mäul ollmol hoambringst, dös lötz« –
soat dá Bau – »vo dán Störzen.« –
»Lötz – für di freili is 's lötz, weilst ás fuadern muaßt!«
trumpft dá Názi –
O, der borigt dá nix und blieb dá nix schuldi, wia weng
nöt!
Borign macht Sorign, das woaßt und – Schuldisein, wilde
Pein! mörk dárs! –
Wer wia dá Nazi, dá blind, viel z' roaten hat und viel z'
mörká,
Derf sö 'n Kopf nöt fülln mit Sorign, nöt schwármüati
brüaten;
Iabl á Zornerl, á kloans, á Hitzerl, á fliagäds, das schadt
nöt:
Is wiar á hándigá Trunk, brr! awá fürn Magn halt herrli! –
Hau, wiar i gsagt han, ás leidt 'n á iazt nöt lang in dá
»Höll« hint,
Trebelt schan wiedá sán Tritt in Kroas umädum, áswiar
allmol,
Wann á Register macht und 's Noie lögt zu den Olden.
Halbe Tág oft daurts und Nácht, dáß á ziftert und aus-
zöhlt:
Siebnzöhnö sechzehnö – oans, zwoa, fufzöhnö, vierzöhnö
– vierö –
Zuaghert ham s' eahm schan viel und oft, do vostanden
hats koans nu;

73

Und so ákkrát wiar in Kopf, so dnettá macht árs mitn Füaßen:

Zwoamal hat á schan d' Ládn, sit dö Leut 's »Pedábaum-guat« ham,

Duritret áfn Loam, und dö dritten, siagst ás, ham Grüam schan,

Gruamá so glatt und glei, koan Zimmábálir mitn Dechsel Macháts gleiá, so glatt koan Tischlágsöll mitn Hobel! –

Trebel ná, Näzi, und tret, tret s' duri nu, is koan Schad drum,

's Holz geht nöt aus, dá ganz »Hausruck« steht, aft – dá »Wald z' Kobánaussen«,

Tausend und tausend Stám, ja, was sag i, soviel Millianá!

Und weilst trebelst und gehst, hamá 's Tauf- und 's Taotenbuach richti;

Drinen in Buach kinnán s' fáhln und vogössen, du fáhlst und vogißt nix!

Tag und Nacht hald sinnirn muaßt, na und du kannst ás und tuasts gern.

Mörkán do Leut, dö segn, Stern, Stoan, Kraut, Völker und Viechá;

Oa ham Finger und Dám áfn Griff, oa d' Füaß áfn Tritt g'lernt,

Na, und du mörkst dá wost herst, Gschichten, Gsángár und Tánzeln –

Lustigs und Traurigs, oan Ding, wast innwirst, mörkstá und woaßt ás.

Schad, wannst stiribst und wirst, der alls gwüßt hat und gmörkt, ganz vogössen!! –

Siah, nu ollweil kimmts und bofelts daher – go vo Mehrn-
bach,
Roßbach, Aspach und Henhart kimmts, und vo Weifen-
dorf d' Wirtsbuam –
Schene Kerln, gailánte Tanzer und gwappelte Ráffá,
Spieln á um Kásperl und Kránl und Mänschá, hüats enk –
dö Sáffrá!
Schau, wer kimmt nu, herst! – »I – á, i – á, i – áá, i – á! –«
Mein, dá »Gaugau«, dá Gottsgnad-Stummel, und singádá
kimmt á!
Heunt hat dert alls sein'n Lust, dö Graoßen, dö Kinder
und Narren! –
»‚Hans' sollst hoaßen«, geht d' Röd,
»Gaugau,Gaugau!«schrein dö Kindá.
Hans, wo gehst hi? Du woaßt ás nöt, wos di hitroat, da
bist hald!
Bist und bleibst und hast Hungá – wos denn – gehst hald
einö in d' Tischlad,
Bittst nöt und dankst nöt, du woaßt nur, da is 's und i
mags, also, mein gherts!
Ninnert dáhoamt woaßt do und ganz wohl, dást dein
Bleibn überall hast.
Truckers Braod, blaoßá Bodn ist dá gnua, wann di hun-
gert und schláffert –
Dein Bogehrn is kloan und i wissát á neam, dens wár z'
graoß gwön!
Aft wannst gnua hast und grast, nur á Ghölzt und á Mö-
ssá zun schnirzeln,
Hölzel von olláloa Fürm nach dö Duizát und Duizát aft
schneidst dá,
Gwiblát und kroaslát und zackt und – án Arácht schen
gnua áf án Dráchsler,
Ja, awer auweh ums Gwand, wannst koan'n Flöck hast áf
Sáckel zun dreinschoibn!
Hosen und Joppen und Pfoad, und wanns noi wár vo
nácht und draust Wintá,
Zschnidn áf Fetzen und Stream und vorarbát áf Bándel
und Söck wirds! –
Aft wia d' Patrantaschen háht bon Soldaten, so háht á sö
d' Söck um,

Und mit beid Händen schleppt á nu vielmächti und »i – á
I – áá!« gehts aft und d' Freud is – wer glaubáts – wia
schwárá wia greßer!
Awá für d' Buam is 's hald á wiedá was, dá Gaugau wird
oans ghámischt:
Nehmán eahm d' Söck und lárn s' eahm aus und vower-
fen eahm d' Hölzel,
Siah, odá hahán eahms go als á gfülltá z' höchst an án
Bám áf –
Herrgott, den Zorn aft, z' furáchten is á und 's Load – nöt
zun bschreibn is 's!
Awer 'n Buamán machts Gspoaß, wann án Olde á greint
und 'n Hans trest't;
Wann ár á Kid, das nu kloan is und gschröckt, laut woant
und dávanláft. –
Hans, du steháde Sündt vo dán Vadern, du Schandt für
dein Muadá!
Fremde holn sö án Sögn und Fremde vosündten sö
deintwögn!
Sögn und Sündt, dir is 's oans, für di gibts koan Sündt und
koan'n Sögn nöt;
Führst dein Löbn und wias is, woaß i nöt und neamd und
du selm nöt! -

Gelt, was hamá grad gsagt: heunt hat arm und rei, Kind
und Narr Freud –
Siagst, da kimmt schan á Bäurin daher mit án entrischen
Krug Bier!
»Názi, hast Durst?« froat s'. »Ja«, soat ár; awá sie roachts
'n Gaugau zerst,
Den und nu öttlign dánöbn, dö z' heilingá Zeiten und da
kám
Gwiß á Bier segn, ja, was sag i – koan'n Hoanzel, koan'n
Most nöt!
»Trinkts« – soat s', »trinkts wos mögts, dá ganze Kruag is
für enk bstimmt!«
Na, und das Trinká sollst segn aft und hern das z' tau-
sendmal Geltsgott,
Vöder, i woaß 's, vo dán Rausch löschátst eftá Söchsen e-
ahn Durst aft! –
Wieder án andernö roast in d' Kugelstatt mitrá Bitschen,
Hoaße Spielá woaß s' dort, dö vo Hitz áfs Trinká vogáßen
–
Hau, is koan Fáhlá so graoß, den dá Mensch nöt voziah
wia dá Herrgott! –
»Jagel, se trink« – lacht s', »falln leicht d' Kögel aft liabá?«
– »Sollt woh sá!«
Soat ár und trinkt und denkt sö: Weibáglück is
Mannsuglück
Gwön und nu! – dráf scheibt ár und richti – gfáhlt is dá
Veder.
»Siagst ás« – soat s' – »tanzen weilst sollst, drum wern dá
dö Kögel nöt tanzát.«
Awer er gát ihr weng Acht, was froat dá »Spieljagel« ums
Tanzen.
»Tanzáten schan, awá füráchten toan s', sö müatens mit
dir toan!«
Schnappt s' án andáner an, den dürst't, und sie hat eahms
nöt zuabracht.
»Dáß 's hald ös Kögel-Stadt-Herrn glei so bissi sáds áf üs
Doofleut!«
Soat s' und geht und bringts aft Höfligern, dö sö bo-
dankán.
Weibá nu häufti, oans da und oans dorthi siagst mit án

Kruag gehn –

D' Mannáleut trinkán wohl viel, do nöt holb was d' Weibá
voschleppen –

D' Weibá, dö hán schan áso, wann s' á Freud ham,
müaßen sös mittailn!

Siah, do kimmt 's Raosidl selm, mein, wen bringts dö
schen Braut gen?

Hau, án stoanolden Mann, und so freundli soats: »Freut
mi, dást da bist!

Ähnl, da schau!« – schreits zruck; denn d' Ahnfrau folgt
áfn Fuaß nach.

Weil dö Olden rödn, schaut 's Raosidl freundli áf d' Leut
um –

Lautá Bokannte, wia s' moant, und dá Kruag geht von o-
an'n zu den andern.

Glück, viel Glück wünscht án iads und án iads moants
ernstli und herzli.

»Wirs schan brauchá! und geltsgott!« soat s', da gibt eahm
dá Löst, á

Rándigá Bursch 'n Kruag und zwann ár 'n hart aus dá
Händt brácht,

Macht á sö z' bándeln und z' toan und aft huimli, dáß 's d'
Áhnl und neamd hert –

Soat á: »Raosidl, i sollt dárs nöt sagn, du hast heunt nu án
Schracká,

Awá – »Da kriagt ár án Staoß und á Druckát wird und á
Tauchát,

Dáß s', ázwia s' schaun kann, wann s' bes wird d' Áhnl,
án Blitzer áf d' Leut schoißt –

Sagn tuat s' nix, zun grein'n is dá heuntige Tag viel z'heili!

Awer ums Raosidl glangt s' und soat: »Gehmá zu ünsánö
Bräuggá!

Hast leicht án Tritt kriagt áf d' Füaß, hán, oder án Renner
in d' Seiten,

Dást so dáweißend bist?!« – »Mi zimmt schier«, soat 's Ra-
osidl, »i woaß 's nöt!« –

Zimmt di hald ja, mein liabs Leut, awá na, wer kanns än-
nern!! In Gottsnam! –

Just ums Dumpáwern is 's, wo gmoanli Jubel und Lust wáchst.

D' Schenheit blendt nöt meh und d' Mail und d' Masern vohülln sö;

's Gschau, weil má nimmá recht siagt, wird schörfer und d' Röd guráschirtá.

Leut sánd da überviel, und koan Lückerl so kloan, wo nöt tanzt wird;

Stridigö Tánz wern schan gsungá und d' Buam wern hiaßer und hiaßer. –

Ollweil dumperá wirds, und lärmádá, stridiger ollweil.

Iazt und iazt ruckt ár an – o mein Gott! – dár entsötzligá Schracká –

Siah, und da schau, stattn Schracká was kimmt, – 's liab Liacht áfn Leuchtern!

Liacht, kloans Brüaderl von Tag, olls schátzt di und bschutzt di und putzt di,

Olls, was grecht is und schen, nur Wilden und Schlechten bist zwidá!

Liacht, kloans Brüderl von Tag, na, was sagst zu dá Braut, gelt, dö gföllt dá!

Bráv, Büaberl, bráv! – Und da schau, wias umhupft und äugelt und gugerlt!

Olls schauts an, Gwand, Gschmuck und in Gsicht is koan Gnügn und koan Hengá! –

'n Raosidl is just zwanns án andern Kopf häd, dö schwáren Gedánká,

Áfn Herzen dá Stoan, dá schwár, olls, olls wia wögzaubert!

Stridige Tánz – singts zua! – Buam, brinnts und laubátzts wia Keanholz,

Weil ná dö Dumpern 'n Liacht is gwichár, iaz is 's schan gwungá!

Rödn mitn Leuten, schau hi, ja go tanzen kanns 's Raosidl wiedá.

Siah, und d'Ahnfrau siahts und is fraoh, dáß 's lusti is, 's Ähnlkind;

Denn á Stund her á zwo, hald sit s'áffá hánd vo dá Gassen –

Eiá, dáß 's d' Áhnl nöt neust! – is s' eahm nöt recht richti

fürkemmá;
Hau, und á Liab, das woaß s' á, d' Áhnl, reißt má nöt aus
wiar á Feldruabn!
Her und her schan dö Zeit und go heunt – hán, Wundá!
Dáß go nix
Von Huihiaserl volaut't odá – häd más voduscht? – schier
nöt mügli! –
Tausend is das á Lust und 's Gstäu und 's Getes is 'n Lust
glei;
Oans wia dös ander machts und kriagts und das is so lus-
ti!

      Funkelnaglnoiö Stiefel
      Und d' Taschen voll Geld,
      Und mein Vadá hat gsoat:
      Bua, botrocht dár iazt d'Welt!

      Und i han más betracht't
      0, wia schen is dö Welt!
      Awá d' Stiefel hánd duri,
      Dáhi is mein Geld.

      In dá Früa bin i furt
      Und bi hoam in dá Früa,
      Und dáweil is das gschehá,
      Woaß selm schier nöt wia!

Wannst an án Abnd, an án schen'n, schan 'n Mucknán mi-
schen hast zuagschaut,
Aft, Freund, woaßt bon án Glei, wias is áf án ünsrischen
Haozát.
Tausend, is das á Lust, awá 's Gstäu und 's Getes ist nu
greßá!

      In Gstäu und in Gschroa
      Sámár oans worn mir zwoa,
      Ahne Dell, ahne Dust
      Häd á Haozát koan'n Lust.

Recht is 's, recht, maringn Frua wird ausklopft und ab-
bürst't und Häuftign
Is schan mitn Haozátstaub á d' Lust áf sá Löbtá dávang-
flogn! –
Recht is 's, recht, und ás geht á heunt sist nu allweil recht
rund her;
Just á weng gstroaft anánand wia zwen Wágn, wo dá Wög
á weng eng is,
Ham sö zwo Zöchán ámol, awá ham zlöst dert füránand
mögn,
Dáß 's eahn koan Áchst hat gschödigt, koan Lanwid vor-
uckt hat und adruckt.
Sist á kloans Ghágtlát halb Ernst, halb Gspoaß gáts all Bud,
awer achts neamd:
Zwen um á Mänsch, um á Gspiel, das s' oanmol mitánand
ghabt ham;
Drei um án Ochsen, á Roß, án Hund – so Hándel, wer
mörkt drauf;
Treten und gstaoßen wern gnua, na, dö staoßen und tre-
ten hald wiedá –
Fein gehts bon Baunán nöt her, awá dert ollweil feiner
und feiner. –
's Raosidl tanzt erst iazt recht und mitn Bräuggán schau
zwoamol ánandan.
Eahm gschiaht so wohl ázwia nia und 'n Raosidl wöhler
als langher;
Eahm zimmts ninert so schen, und ihr höbts áf oanmol
zun gfalln an;
Er is voll Freud, dáß árs gfunden, sie nöt bes, weil árs
gsuacht hat;
Denkt s' áf den Schrackká, der kimmt, ná, kemmá häd solln
und is ausblibn,
Odá hald nu wann á kám, wo, wo wárá leichtá zun aus-
stehn!

> Á lewfrischá Bua
> Schier von Eisen und Stahl
> Is 'n Menschern eahn Freud
> Und 'n Buamán eahn Gall. –

Stark schan gögn Mittánacht gehts, dá Prokradá siahts áf
sán Bradá –
Sá tumbáckene Uhr bald so graoß und á gfurmt wiar á
Pauken
Nennt ár in Gspoaß gern so – und dö hat ár in Händten
und schaut dráf.
Viel hat á z' toan ghabt heunt und viel hat á tan, awá
d'Hauptsach
Kimmt erst – just will á hi, dáß á s'froat, obs eahm recht is,
dár Ahnfrau,
Eahm und dá jungá Braut – eahm Bräuggán wirds aft
schan recht sein! –
Wann á dö Torten – ? Da siah, was gáts gen nu ab iazt áf
oanmol!
Reidá blitzblawi, á Stuck á siebn, án acht odá nu meh
Pofeln weltlát daher von Tanzbom eiláds dá Stubn zua –
Jessás, denkt 's Raosidl und gibt eahm án Sti, iazt kimmt
gen dá Schrackà! –
»Was má vospricht, muaß má halten als Mann: dá
Bräuggá hat s'einglodnt
Heunt frua marings und na, da wárn s' iazt und sánd s',
und dö Braut muaß
Tanzen mit oan'n nach sán Ghoaß, eahn is 's oans, is 's
sein Gspoaß oder Ernst gwön!«
So bonán Glei hats glaut't eahn Gwálschát und Gwablát
und Gweltlát.
I sags grad bonán Glei, weil mi 's Nachzüngeln niamals
leicht ankimmt.
»Han i enks göbn – und i hans!« – soat dá Bräuggá »so
halt i enks á, 's Wort.
Is 's á schan hübsch gögn Endt, ganz aus is 's do nu nöt d'
Haozát.
Raosidl« – wendt á sö um – »kimm daner und tanz, weil s'
mán Ghoaß ham!«
Mein Gott, dá Schrackà, da is á, denkt 's Raosidl, in Gotts-
nam! Und schau ná,
Fleißi, wias wár und sein sollt in der Eh, sollt sein oan'n
und oll Tag
Fleißi folgt s' eahm dö Braut, á weng anschia tuat s', do da
steht s' schan! –

»Awer i kann nix wos landlárisch'«, soat s', »und den
boarischen Langaus'«. –
»Dnettá zwiar i« – soat dá greßt vo dö Reidá so deutsch
und so deutli,
Dáß oll zwoa graoß schaun, dö Braut nu mehr als dá
Bräuggá –
»Dnettá zwiar i!« soat á rescher und glangt um d' Braut
und schreit: »Afgmacht!

> Spielleut, ös Schwanz,
> Machts már áf meine Tánz,
> Meine Tánz geigts már áf,
> Aften zahl i enk brav! – Juhu!«

»Vödá!« schreits Raosidl, »Hias!« – aft dáweißend s' und –
da is dá Schrackás! –
Das is freili á Schrackás, hald ja, und – d' Händt ehwennst
umdráhst,
Wo is dö Braut!? – Von alln Seitn schoißts zsam und – wos
is 's und wos gáts da! –
Hin is s'und wo?! – Koan gschlossene Tür is in zwo, drei
Minuten,
Dö nöt schan eingrennt wár, in ganzen Haus is nöt oane –
Übá d' Stiag gehts – pumps, pumps! – zwann má
Krautstoan wutzlát und Fássá,
Hán awá nix wos Leut, denn alls is áf oanmol in Aufruhr:
Mäuler und Füaß und Fäust, olls rührt sö und wihrt sö
und werkt rund;
D' Zöchbuam schrein oanch den oan'n, ázwia 's Vieh,
wannst ás durigánand joast;
D' Menschá toan Giller und Schroa ázwia d' Katzen, döst
gách áfn Schwoaf tretst;
D' Spielleut hupfen áf d' Benk, dáß 'n Geignán nix gschi-
aht und eahn Gigeln;
D' Weibá glangán dös Tail ums Bschoad, dös Tail habri án
Mann föst –
Wann nár'n Bschoad nix fáhlt, moant dö oa, wögn án
Mann und wögn seiner
Hats koan Gfahr, do dö oa denkt: hi Bschoad, nur i und
má Mann da! –

D' Kellnárin schoißt wiar á Weps, dö Köchiná burren wia
Hummeln;
Wildá wos Herndelkäfá wern d' Knecht und dö Dirná wia
Hournauß –
Zwannst mit án Brand in ánamoaßháffen stáchst, so is 's
anzschaun –
Awá gottlob, ás is Nacht und i wunsch, ás wárs ollmol,
wanns Strid sötzt! –
Schau, schan schier obn zwischen Binder und Böck, wo sö
d'Wög ausánand tailn,
Schoppt ás sö iazt – á zwen Schroa, schier so hell,
ázwanns Pfiff wárn,
Herst, aft Gröllázá wilde und Kreisá, zwann á zwen
Tratstier
Tauchát wárn worn – öbbás Tragns, döst nöt woaßt wos 's
is, weils koan'n Laut láßt,
Rumpelt vobei duri d' Leut in oan'n Pröll schnurgrad zua
áfs Wirtshaus –
Viel rennt den nach und zruck, dös ander fürö wo 's
gröllázt,
Awá kimmt schan z'spat – áfn Bom is á Gwurlát und Um-
králln,
Zwia nach án Rögn, án schwárn, der d' Würm ausn Letten
hat ausgschwemmt,
Obnher is olls schan vobei, án oanzigá Scheldá, zwannst
schnalzátst,
Ja und kinnátst ás guat mitrá Schlittenpeitschen – kracht
laos nu –
Weil ár awá nu knallt, wirds entás Bindázaun lemdö:
»Pássámá, Pássámá!« – krállts übern Zaun und –« »den
muaß i sehá,
Der mi da umágschmitzt hat, wann i 'n siag, sag i, kennin
und mörk márn! –
Weil á nu schilt, kimmt á gstigná halb und halb gfallná áf
d' Straßen,
Na und aft graoß wiar ár is und á stark und á Mensch, der
á Schneid hat,
Druckt á mit nackáten Knia und á dort und da gschirft áfn
Leibsfell
Peankisch von Art und hoaß vo Zorn duri d' Leut bis in d'

Mitt hi,
Olls is gwichár und weicht, nur án oanzigá steht wiar á
Stoansäuln –
»Bis ás leicht du?« – schreit dá Hias – dá blawmuntirte
Deutschmichel –
Denn wer anders als der sollts sein, das sö dämpisch da-
herbricht! –
»Pássámá, Sákáráwold, sag ja odá ná, dá i eahm z' toan
woa!«
»Liabá, du Lákel, wárst bliebn derst bist, dei Pássámá
macht koan'n
Ungrischen Reidá, und Büchs und Sábl troat á dá Steften,
Katz bleibt Katz, wann s' á blást, und d' Höpping, wia
bláht á, bleibt Höpping –
Magst leicht nu ámol floign?« – schreit dá Bräuggá – denn
der is d' Stoansäuln.
»Bi má schan gflogn gnua, und i woaß á iazt gnua; awá 's
Raosidl wanns wissát! –
Sein tuat s' dán Wei, awá bleibn dád sis nöt, denn du hast
üs z'rissen; –
Du, du Ráftoifl du, neamd sist als du und dö old Hex
Háds ös á gwön in dá Nacht von Jakobitag, dö mi gstürzt
ham,
Kenn schan dán Griff, du mein Vogl Greiff, und dán Pfiff
kenn i á iazt,
Awer i mörk dárs, du – boarischá Hund!« – und wia Ka-
der áf Kader
Springt ár áf ihm – umásist – lát schan wieder entá dá
Planká!!
Aft wias hoaßt: Wer hat, den wird göbn, wer nöt klöckt,
den wird gnummá –
Föllt in oan'n Stroach alls her über alls, was blaw is und
mithilft –
D'r Engl in jüngsten Tag häd z' suachá und z' klaubn, so á
Strá is! –

Stád is 's, alls is vobei, alls is schan wieder in Wirtshaus.
Buam stehnt schübelweis zsam – »dá Bräuggá! dá
Bräuggá!« sist herst nix.
»Das is á Kerl!« – und – »der hat á Störk!« – »ja, wo is á
denn?« froat wer;
Auweh, nöt da! – Öbbá hánd s' eahm álloan ollsand áf d'
Löst Herr worn?! –
Dnettá wölln s' láffen und schaun, da kimmt á daher
übern Tanzbom.
»Gáts da leicht nu was?« froat á. »Nix«, sagn s', »um di
hädn már umgschaut!«
»So? I schau auf mi selm, da brauchts kein Schaun. Is dö
Braut da?« –
»Han dárs schan g'rött!« – soat á Bursch – dersell is, der
um d' Sach gwüßt muaß
Habn, der 'n Raosidl hat gsoat, dáß s' heunt nu án
Schracká wird ausstehn –
»Bráv für heunt« – soat dá Boar – »án anders Mol laß már
s' láffen;
Liabá nu is 's má, laß s' stehn, so siaht s', dáß nöbn meiná
koan Gfahr is!« –
D' Ahnfrau, 'n Bräuggán wia s' siagt, laßt 's Raosidl aus, 's
kloan vowoante,
Und haochmächti wia s' is, steht áf und soat: »Joseph,
sitzts he da!
Dahe sitzts, Joseph, zu mir und zun Raosidl, trests Enks
und störkt ös s'!
Ihrátzen mui Enk vo Freud und dugátz Enk nimmá mein
Löbtá;
Graoß Gfá holt i áf Enk, und bi fraoh, dáß 's vo Moarhof
dá Moar háds!
Spielleut« – ruaft s' laut – »lögts d' Geign áf d' Benk und 's
Cymbál und d' Trumpeten!
Kellnering« – ruaft s' – »blei stehn wost stehst, und we
sitzt, de blei sitzen!
Thamás« – soat s' zu sán Mann – »du ruck he da zu mir,
dást má Zeug bist!« –
Alls wia sis schafft, is und gschiaht: d' Sach lát, d' Leut
sitzen und stehn stád.
»Joseph« – soat s' – »heunt is 's fufzg Jahr – bo ünsách

Famili da bleibt schan! –
Da bi i dagsössen wia dö« – deut't áfs Raosidl – »trauri,
Nu viel traurigá, oh! denn dá Mein is nöt gwön áswias Ös
háds.
Thamás« – soats s'- »wir fein nöt bes, wá i di schändt
zerst, 's Lob wird viel größá!
Stád mitn Mäul is á gwön ázwiar Ös, halt mit Händten
und Füaßen
Á nöt anders – gottlob, ás hat á koan Ráffen nöt naot
ghabt!
D' Schenheit häds nöt vodeant und mein Guat und mein
Güatát nu wengá.
Döstwögn häd mi wer mögn und i eahm, ná holt gwön
wárs und worn nix;
Dnettá soviel, mein Raosidlkid, wia mit dir und dán Hui-
hias –
Meins wár á Lump, á Votuarer worn; dein Narr á Runirer.
Siagst 'n den hirngsengten Schedl, was á anderná
scheucht, in das tappt er:
Láßt sö de Narr angáschirn, desántern toan dö annern, dö
s' fahán;
Sitzt sö der Kopp áf á Roß, kunnt schen hudeln dáhuit áf
án Loanstuhl;
Háht sö án Sábl um d' Mitt, häd á Gürtel, á pfawnfödágs-
töpptö! –
Do vobei is vobei, e is Herr Huság, du bist Moaring,
Moaring wir i vo fufzg Jahr und i wünsch dá má Glück
und mán Haussögn,
Da, má Thamerl, dá guat, hat mi guat gmacht und mild
und barmherzi,
I – und ás hat 'n nöt gschodt! – han 'n iablmol g'reschnt
und áfgfrischt;
Kinder, oans wia dös oan rár und nöt weng hánd üs
gschenkt worn – da sitzen s':
Geistli Herr Suh, roachts má d' Händt, dá i Enks kuß, und
aft bußt má dö meine!
Enkrö hat Sögn und Weih, do dö meine hat Plag viel und
Müah ghabt.
Bäuringá, Tächtá, stehts áf und schoffts enkern Kinán, dáß
s'áfstehn!

Sechts, das is ünsá Bluat, und gottlob, má Thamas und i
ham
Dert á nu oans, hm!« – Rund umádum schaut s', wia da
dert d' Leut schaun. –
»Joseph« – soat s' aft und wendt sö zun Bräuggá –
»dázoihts Enk á rechts Wei!
Recht is s' áso, nágrad z' len, z' woah und z' guat, Ös hádt
stark, machts Enks kröfti!
Raosidl« – soat s' – »dir hats graten, gro graten – dán
Mann wird á ganzá!
Ganzö, mörk dárs, gáts weng, und án ganzen mua á ganz
's Wei ghern! –
Mir zwoa löbn nimmá lang, dö zweit Haozát ist dös erst
Steribn;
Awer i stirib iaz gern, wanns dázua kimmt, du hast án
Mann kriagt,
Mann, án rechten und grecht und án Moar án rechten dá
Moarhof.
Gsundheit trink i enk iazt und heng áf aft, dá d' Lust wie-
der anhöbt.
Kaspá« – ruaft s'- »trag iazt dö Torten áf und 'n Wein zu
dá Gsundheit'!« –
Flink is dá Kaspá dáhi und flink is s' gholt und da is d'
Sach,
D' Spielleut geign eahm voraus und er macht drauf sein
Cemanö:

> »Auf diesen heutigen Tag sein wir einge-
> laden worden bei dieser hochzeitlichen
> Mahlzeit, auch beede Paar Brautperso-
> nen, zwei Vater, Geschwistert, Freundte
> und Nachbarn, Verwandte und Bekann-
> te; sein auch eingeladen worden bei der
> Ehrengeachten Brautmuater auf ein
> Frühstuk, nun aber sein wir gangen über
> die Gassen und Straßen zu den Lobwür-
> digsten Gottshaus Schildern, allwo dort
> rastet der auserwählte Bischof St. Martin,
> da haben sie empfangen das heilige Sak-
> rament der Eh und der himmlische Bräu-

tigam hat seinen heiligen Segen darüber geben. Nun aber nach dem heiligen Lobamt sein wir wiederum gangen über die Gassen und Straßen zu den Ehrengeachten F.X.E. Bräu und Gastgeber in Prámat in seine Behausung, da ist einer jeden hochzeitlichen Person auftraktirt worden von Kuchel und Keller Speis und Trank, zwei Viertel Bier und um vier Kreuzer Brot und das Mahlgeld samt der Nachzech macht 3 fl. 40 kr. Sollen aber einige Personen hier sein, die ihner Sach nicht recht bekommen haben, so soll es dem Tischdiener oder Gastgeber gemeldet werden, er hat noch Brot im Kasten und Bier im Keller und andere Traktamenten in der Kuchel. So sein wir den heutigen Tag brav eingerichtet gewesen mit jungen Leuten, mit Tanzen und Springen, mit Lustbarkeiten, sein auch groß oder klein, jung oder alt bei dieser hochzeitlichen Mahlzeit lustig beisammen gesessen. So hat sich der Tag vollendet und die Nacht, die kommt herbei; daß wir aber nicht vergessen auf den himmlischen Brotmeister, so wollen wir ihm auch danken für alle Speis und Trank, so wir den heutigen Tag empfangen haben! Auch so laßt sich der Bräutführer und der Jungfrauengleiter zum allerschönsten bedanken, und sollen sie ihre Sach nicht recht verrichtet haben, so sein sie noch da, ihner Sach zu erstatten; so laßt sich auch mehrmalen der Ehrengeachte Bräutigam, alt und jung und auch ingleichen die tugendsame Frau und Jungfrau Braut bei diesen hochzeitlichen Personen zum allerschönsten bedanken, daß ihnen haben das Gleit geben und gholfen; nun soll auch der Ehrenge-

achte Bräutigam mit der tugendsamen
Braut noch einen Ehrentanz tun; daß sich
aber keiner untersteht, der ihm einen
Fuß untertanzen oder unterspringen soll-
te, daß auch keiner in großen Schaden
oder Unkosten nicht hineingeführt wer-
de, die Geistlichkeit oder Obrichkeit
nichts zu schaffen habe; nun so bitt ich
meine Lieben Hochzeitlichen Personen,
sie wollen mit meinigen schlechten
Danksagung Voliebnehmen, weil wir
sein ausgangen im Namen derallerhei-
ligsten Dreifaltigkeit, Gott des Vaters,
Gott des Sohnes, Gott des Heiligen Geis-
tes in alle Ewigkeit Amen.«

So, 'n Huat in dá Händt und voll Ernst spricht dár olde
Prokradá,
Und wiar er mit Ernst und Andacht lisent und lost olls.
Dráf geht 's Gsundheittrinkár an, und so zierlá und
gschmáchi,
Ha, má muaß das nur gsegn habn! 's Kasperl, dá vorneh-
me Spröchá,
Selm á muaß go – d' Áhnl wills ham – áf sán und den
jungá
Paar eahn Gsundheit und Wohl á Gláserl schwingá und
ausnoagn,
Und bon Ehrntanz aft – dá Thamás is müad schan und ru-
aht gern! –
Zoicht s' eahmár áf, dáweil s' woaß, dáß s' tanzát mit e-
ahm á schens Paar macht.
's Raosidl, von Schracká nu gschröckt und bodilt vo dár
Áhnl sán Zuarödn,
Tanzt wohl zerst á weng schwár, aft awá gringer und
gringer.
Denkt sö dá Sepp – weil á ghert hat ámol, ás sollt eahm
gwiß nachgehn:
»Wia dö drei lösten Tánz so dá ganze künftige Ehstand!«
Denkt eahm: mein Gott und Herr, i bi zfrim, wann á wird
so dár unser! –

Nach 'n Tanz, er láßt sös nit wöhrn – dá Tháddä mitn Gei-
gerl
Sekundiert eahm dazu – singt dár olde Prokradá zun
Bschluß nu: –

's Haozátgsang

1.

Kindá, herts nur áf von schnadern,
Mein, seids nur á bißl still,
Losts áf enkern olden Vadern,
Was ár enk heunt votragn will;
Schauts, ös seids zwoa junge Dingá,
Nix für unguat, daß igs röd!
Laßts enk heunt á Lehr vosingá,
Von án Vadern schadts enk nöt.

2.

»Is 's nur enká Willn und Moaning?«
Hat enk heunt dá Pfarrá gfroat,
»Wöllts enk mitánand voroaning?«
Flugs háds einbascht, »Ja!« habts gsoat!
Ja – is kurz und is bald gsprochá,
Awá, Kindá, denkt fein drauf,
Was 's bedeut't: – »wird nimmá brochá
Bis in Tod, da herts erst auf!«

3.

Daß 's guat ausfallt, liabe Kinná,
Kimmt áf ünsern Herrgott an,
Ohne den wird d' Freud bald z'rinná,
Er is 's, ders dáhalten kann.
D' Ehleut, dö nöt fleißi beten,
Kehrn bal alles um und um,
Drum laßts enk ös á nöt neten
Bets fein fleißi, löbts fein frumm!

4.

Zerst á guats, voträglichs Wösen
Is á Ding, das d' Ehleut ziert,
Wia má bei St. Paul kann lösen,
Wann oans tragt den andern d' Bürd:

Schauts, mir sán ja alli fehli,
Bald fáhlts 's Wei und bald dá Mann,
Und wer nachgibt, der wird seli,
Und wer zankt, bringt d' Höll dávan.

5.

Wann enk Gott wird Kindá geben,
Seids fein fleißi, ziahts ös guat,
Führts ös zun án christlign Leben,
Laßts enks nöt aus enkrá Huat;
Toats fein stündlä für sö wachá,
Toats koan'n Schlánklbuam dáziagn,
Wern uns mir bal d' Hoffnung machá,
Daß má brave Ähnl kriagn.

6.

So müaßts löbn, áso müaßts wandeln,
D' Hauptsach, dö vobleibt enk d' Treu,
Is Ehrabschneidn und Weibáhandeln
Is ja wáhrlá nimmá neu;
Martin, schau, du hast dein Káthel,*
Schau bolei koan andre an,
Ewi würst á Toifelsbrádel,
Zeitli wárst á schlechtá Mann!

7.

Jezt habts ghert, wia ös müaßts leben,
Gib enk Gott á guate Nacht,
Gib enk seinen väterlign Segen,
Dann wird alles leicht vollbracht!
Wia _der_ Tag solln olle werden
Abraham, Isak, Jakobs Gott
Leit't und bschützt enk hier auf Erden
Bis an enkern spaten Tod!

Wiedá wia ehntá bon Spru gögn Endt macht dár olde Pro-
krádá
Gar án andächtigs Gsicht und so fein, zwanná weit wög
von Leuten
Stánd und sung, rewádirt á dös lösti Gsötzel – dá Tháddä,
Los ná, de Mann wiar á wunnáschen geigt, zwann ä
Klaostáfrau chorsung! –
Geigt und geigt, olls is mausstád und hat frumme Ge-
dánká.

> „Wia *der* Tag solln alle werden,
> Abraham, Isak, Jakobs Gott
> Leit und beschütz *uns* hier auf Erden
> Bis an *unser* spaten Tod!"

Singt dá Prokradá und noagt sö und d' Ahnfrau noagt sö
gögn seiná.
Ötli Minuten darnah is dá Tisch, wo dö Brautleut hánd
gsössen,
Lár. – Sö hánd hoam. – Stattn Lárum ham s' Rua, stattn
Gschwurfel – 's Älloansein. –

> Bschütz enk und uns dá liabe Gott
> Bis an unsern spaten Tod!

Über tredition

Eigenes Buch veröffentlichen

tredition wurde 2006 in Hamburg gegründet und hat seither mehrere tausend Buchtitel veröffentlicht. Autoren veröffentlichen in wenigen leichten Schritten gedruckte Bücher, e-Books und audio-Books. tredition hat das Ziel, die beste und fairste Veröffentlichungsmöglichkeit für Autoren zu bieten.

tredition wurde mit der Erkenntnis gegründet, dass nur etwa jedes 200. bei Verlagen eingereichte Manuskript veröffentlicht wird. Dabei hat jedes Buch seinen Markt, also seine Leser. tredition sorgt dafür, dass für jedes Buch die Leserschaft auch erreicht wird.

Im einzigartigen Literatur-Netzwerk von tredition bieten zahlreiche Literatur-Partner (das sind Lektoren, Übersetzer, Hörbuchsprecher und Illustratoren) ihre Dienstleistung an, um Manuskripte zu verbessern oder die Vielfalt zu erhöhen. Autoren vereinbaren direkt mit den Literatur-Partnern die Konditionen ihrer Zusammenarbeit und partizipieren gemeinsam am Erfolg des Buches.

Das gesamte Verlagsprogramm von tredition ist bei allen stationären Buchhandlungen und Online-Buchhändlern wie z. B. Amazon erhältlich. e-Books stehen bei den führenden Online-Portalen (z. B. iBookstore von Apple oder Kindle von Amazon) zum Verkauf.

Einfach leicht ein Buch veröffentlichen: **www.tredition.de**

Eigene Buchreihe oder eigenen Verlag gründen

Seit 2009 bietet tredition sein Verlagskonzept auch als sogenanntes "White-Label" an. Das bedeutet, dass andere Unternehmen, Institutionen und Personen risikofrei und unkompliziert selbst zum Herausgeber von Büchern und Buchreihen unter eigener Marke werden können. tredition übernimmt dabei das komplette Herstellungs- und Distributionsrisiko.

Zahlreiche Zeitschriften-, Zeitungs- und Buchverlage, Universitäten, Forschungseinrichtungen u.v.m. nutzen diese Dienstleistung von tredition, um unter eigener Marke ohne Risiko Bücher zu verlegen.

Alle Informationen im Internet: **www.tredition.de/fuer-verlage**

tredition wurde mit mehreren Innovationspreisen ausgezeichnet, u. a. mit dem Webfuture Award und dem Innovationspreis der Buch Digitale.

tredition ist Mitglied im Börsenverein des Deutschen Buchhandels.

Dieses Werk elektronisch lesen

Dieses Werk ist Teil der Gutenberg-DE Edition DVD. Diese enthält das komplette Archiv des Projekt Gutenberg-DE. Die DVD ist im Internet erhältlich auf **http://gutenbergshop.abc.de**

Zeitfracht Medien GmbH
Ferdinand-Jühlke-Straße 7
99095 Erfurt, Deutschland
produktsicherheit@kolibri360.de